Mehrsprachigkeit und die Frage nach der ‚doppelten Identität' – Ein Diskussionsansatz

Wolf Hannes Kalden

Mehrsprachigkeit und die Frage nach der 'doppelten Identität'

Ein Diskussionsansatz

Kalden, Wolf Hannes
Mehrsprachigkeit und die Frage nach der ‚doppelten Identität'.
Ein Diskussionsansatz

Buch: ISBN 978-3-942818-33-9 4. Auflage
E-Book ISBN 978-3-942818-34-6

Herstellung: Books on Demand GmbH, Norderstedt

Biographische Informationen der Deutschen Bibliothek
Die Deutsche Bibliothek verzeichnet diese Publikation in der Deutschen Nationalbibliographie; detaillierte bibliographische Angaben sind im Internet über http://dnb.ddb.de abrufbar.

Inhaltsverzeichnis

Japanische Namen werden in der in Japan üblichen Reihenfolge (erst Familienname, dann persönlicher Name) geschrieben. Die Schreibweise japanischer Begriffe folgt einer modifizierten Hepburn-Umschrift (mit Ausnahme mancher Autoren bei denen die Schreibweise ihrer Namen verwendet wird, unter der sie in Katalogen etc. zu finden sind). Es gilt ferner zu berücksichtigen, dass im Japanischen Wörter nur eingeschränkt flektiert werden.

Hinsichtlich der Zitierweise ist anzumerken, dass reine Literatur- oder Quellenangaben direkt im Text genannt werden, ausführlichere Anmerkungen aber als Fußnote eingefügt sind.

Auch wenn im Deutschen Überbegriffe wie ‚der Student' oder ‚der Pro-band' bzw. im Plural ‚Studenten' bzw. ‚Probanden' gleich lautend mit den rein maskulinen Formen sind, beinhalten sie doch keine geschlechtliche Wertung. Ein Nachgehen der Frage, ob zur Wiedergabe eines Gattungsbegriffs wirklich maskuline Formen herangezogen werden oder ob es sich ‚lediglich' um hierzu homophone Formen handelt, erscheint interessant.

Sprache, Kultur und Identität

In der heutigen Welt, in der das soziale Umfeld eines Menschen zunehmend multikultureller und -lingualer wird, stellt die Fähigkeit, in verschiedenen Sprachen kommunizieren zu können, unzweifelhaft einen Vorteil dar. Jedoch wurde Plurilingualität[1] – insbesondere hinsichtlich der ‚anderen' kulturellen Inhalte, welche beim Spracherwerb mit übermittelt werden – nicht immer als Segen betrachtet. Lange Zeit stand die gesellschaftspolitische Frage im Raum, ob multilinguale Menschen, deren Sprachen aus verschiedenen Kulturräumen entstammen, Probleme haben könnten, eine eigene Identität herauszubilden. Hintergrund dieser Auffassung ist ein ethnozentrischer Ansatz[2], welcher die Einheit von ethnischer, kultureller und sprachlicher Identität postuliert und in seiner extremen Ausprägung eine multiethnische oder multikulturelle Gesellschaft ablehnt. Monokulturalismus war als Erbe der Nationalstaaten ein Dogma, dessen Umsetzung als fundamental und sinngebend erachtet worden ist (vgl. Taylor 2006: 203). Dabei wurde die imaginäre Gefahr gesehen, dass Einflüsse verschiedener Kulturen die Ausbildung einer individuellen Identität – selbstverständlich einer von der das Individuum umgebenden Grup-

---

[1] Da es bezüglich der mentalen Lexikalisierung sowie des Umstands, sich sprachlich in mehr als einem Umfeld zu bewegen, keinen großen Unterschied macht, ob ein Sprecher ‚nur' bilingual ist oder ob er noch weitere Sprachen beherrscht, sind im Folgenden – soweit nicht anders dargestellt – Bilingualität und Plurilingualität, bzw. der Hinweis auf zwei oder mehrere Sprachen, alternierend verwendet.

[2] Ethnozentrismus ist weitgehend als interpretativer Ansatz definiert, welcher annimmt, dass die eigene ethnische oder kulturelle Gruppe (*in-group*) anderen Gruppen (*out-group*) überlegen sei. Das Konzept ist 1906 von W. G. Sumner erarbeitet und 1950 von Th. Adorno weiter ausgearbeitet worden (ein Überblick findet sich bei Ragsdale 2006:204-206).

pe akzeptierten Identität - beinträchtigen oder gar verhindern könnten. Hinter dieser kritischen Sichtweise im Stil eines soziokulturellen Ansatzes steht die Sorge, Kindern könne es erschwert werden, eine nationale, kulturelle oder ethnische Identität zu entwickeln.

Ein negativer Einfluss auf die Persönlichkeitsentwicklung, resultierend aus einem zweisprachigen oder multikulturellen Umfeld, konnte allerdings auch bei bilingual aufgewachsen Kindern nicht festgestellt werden und mit der Zeit kam es dazu, dass Mehrsprachigkeit eher als Vorteil angesehen wurde, um sich in einer zunehmend globalisierten Welt besser zurecht zu finden, in der Gesprächspartner nicht mehr unbedingt der gleichen Muttersprache angehören. Somit wird Mehrsprachigkeit weitgehend wertfrei als Wahlmöglichkeit gesehen, zwei (oder mehr) Sprachen respektive Dialekte oder Sprachstile, die sich in ihrer Phonetik, ihrem Wortschatz und ihrer Syntax unterscheiden, zur Konversation verwenden zu können (vgl. Definitionen von Votaw 1992:299; Taylor 1976:239 oder Claus-Ehlers 2006:70), wobei nicht ausgeschlossen wird, über das reine Werkzeug hinaus, sich mit beiden Sprachgruppen zu identifizieren.[3] Allerdings ist die Fähigkeit, in mehreren Sprachen Konversation betreiben zu können, nicht gleichzusetzen mit einer äquivalenten Verwendung bei-

---

[3] Für die vorliegende Untersuchung reicht ein solcher Definitionsansatz von Bilingualismus völlig aus, weswegen auf detaillierte Unterscheidungen in Typen (z. B. bezüglich des Sprechers: monolinguoider, bilinguoider oder multilinguoider Typ) oder Arten (z. B. horizontaler, vertikaler oder diagonaler Bilingualismus) verzichtet wird. Auch die Art des Spracherwerbs ist nur von untergeordneter Bedeutung, so dass bezüglich einzelner Thesen wie z. B. von Piaget, Gibson oder Vygotsky, der auch die Verbindung von Sprache und Denkmustern herausstreicht, an den Aufsatz von Arnberg & Arnberg verwiesen wird (1992:485). Die Verwendung der Begriffe Bilingualismus oder Plurilingualismus sowie Mehrsprachigkeit wird alterierend gehandhabt, da hier eine Unterscheidung zu treffen, spätestens bei der Übersetzung der Begriffe in eine Fremdsprache zu Problemen führen dürfte. Zur Frage, ab wann von verschiedenen Sprachen gesprochen werden kann und in welchen Beispielen die Sprachgrenzen eher subjektiver, nationaler Kultur sind, vgl. Khubchandani 2003:296-323.

der Sprachsysteme, welche sich, wenn überhaupt, wohl nur bei Sprechern findet, die von frühester Kindheit an in beiden Sprachwelten aufgewachsen sind (vgl. Miyake o. J.:70). Bei den meisten Bilingualen wird eine der Sprachen präferiert, was sowohl an einem unterschiedlich hohen Sprachniveau der beiden Sprachen liegen kann, als auch an den Gegebenheiten des sozialen Umfelds der Sprecher. Eine solche eingeschränkte Verwendung einer Sprache zeigt sich laut Literatur beispielsweise bei Katalanen, welche häufig die Verwendung des Katalanischen auch dann vermeiden, wenn die Gesprächspartner dies verstehen könnten, oder bei US-Amerikanern lateinamerikanischer Abstammung, welche, auch wenn sie Spanisch und Englisch sprechen, die vermische Variante des Soziolekts *Spanglish* vorziehen (Votaw:1992:299). Ein dritter Grund für eine unterschiedliche Verwendung zweier Sprachen ist sprachimanent, denn nicht alles lässt sich mit jeder Sprache auch ausdrücken. Bekannt sind Beispiele wie im Deutschen ‚Schadenfreude' und ‚Zeitgeist' oder im Japanischen *‚mono no aware'*[4], welche sich nur schwer oder gar nicht in andere Sprachen übersetzen lassen (vgl. Taylor 1976:294). Aber auch Farbkonzepte variieren von Sprache zu Sprache: Beispielsweise traf das klassische Griechisch keine Unterscheidung zwischen ‚blau' und ‚schwarz' und andere Sprachen wie Fon oder Ngbaka-ma'bo kennen keine von Objekten losgelösten Farbkonzepte (Pavlenko 2005:438-443). Taylor (1976:296) zitiert eine Studie von Bornstein, wonach 50 von 150 Gesellschaften keine Unterscheidung von ‚Grün' und ‚Blau' kennen. Dem Hindi fehlt es an ‚grau' und monolinguale Sprecher weisen in Zerebralstudien auch keine Aktivität des zur Erkennung dieser Farbe typischen Gehirnareals aus.[5] Erst bilinguale Sprecher (Hindi-Englisch) zeigen Ansätze einer für Englischmuttersprachler ty-

---

[4] Die einfachste Übersetzung wäre ‚die Vergänglichkeit aller Dinge', aber hierbei fehlt gänzlich der eigentümlich melancholische, erfreuende Aspekt.

[5] Es ist allerdings anzumerken, dass zwar chemo-elektrische Veränderungen im Gehirn und unterschiedlich starke Glucose-Zufuhren in unterschiedlichen Hirnarealen sichtbar gemacht werden können, es aber bisher nur eine nicht widerlegte Theorie ist, dass Glucose-Anreicherungen bzw. elektrische Ströme gleichbedeutend mit Informationsfluss sind.

pischen Aktivität. Navaho-Englisch-Bilinguale zeichnen sich durch Farbkategorien aus, die weder für monolinguale Muttersprachler des Englischen noch des Navaho typisch sind, sondern formen ein eigenes System (siehe Pavlenko 2005:439-439).

An diesen Beispielen zeigt sich, dass Sprache nicht ein rein kommunikatives Werkzeug darstellt und dass Sprachvermittlung mehr ist, als nur die reine Vermittlung eines kommunikativen Instruments (vgl. Hu 2003:6). Sprache formt ihr kulturelles Umfeld und wird zugleich von diesem in ihren Strukturen festgelegt. „Mentale Strukturen sind verinnerlichte soziale Strukturen" (Bourdieu 1993:93; vgl. auch Miyake o. J. a:89), welche neben biologischen Faktoren menschliches Verhalten beeinflussen sowie Denkstrukturen und somit Sprache prägen.[6] Dieser kulturelle Einfluss lässt sich dabei bis auf die erwähnten Unterschiede in der Wahrnehmung physikalischer Gegenstände, wie beispielsweise Farben, sowie phonetische Lautbildungen verfolgen und weicht lediglich bei „reflexartigem Verhalten" dem biologischen Determinismus (vgl. Trommsdorf 2003:154+157), was der bereits von Humboldt erkannten linguistischen Relativität entspricht.

Diesem Einfluss der kulturellen Umgebung respektive des sozialen Umfelds auf die Denkstrukturen und damit die Sprache trugen Benjamin Lee Whorf und Edward Sapir in ihrer oft diskutierten Hypothese Rechnung. Whorfs und Sapirs Untersuchungen an Sprechern der Hopi-, Navajo- und Tamilen-Dialekte zufolge sind Personen in ihren mentalen Strukturen ‚Gefangene' dessen, was ihre Sprachen auszudrücken vermögen. Dabei beeinflusst die Sprache stark das Ver-

---

[6] Trotz der Gefahr einer Polarisierung lassen sich grundlegend zwei Lager unterscheiden: Einerseits die Anhänger der Anlagen-These, welche aufgrund ihrer Kulturvergleiche die universelle Gültigkeit intern gesteuerter Gesetzmäßigkeiten für die Entwicklung des Menschen sehen (z.B. Eibl-Eibesfeld) und andererseits Vertreter der Umwelt-These die wiederum kulturvergleichend die Beeinflussbarkeit von Entwicklungen durch externe Bedingungen postulieren (z.B. Margret Mead; Ruth Benedict). Insgesamt lässt sich sagen, dass Entwicklung durch Zusammenhang genetisch und kulturell vermittelter Komponenten in verschiedenen Kontexten entsteht (vgl. hierzu den Aufsatz von Trommsdorf 2003:139-179).

halten und das Denken einer Person (vgl. Pavlenko 2005:434-435; Kramsch 1998:12-17; Nisbet 2003:159-162). Dass dieser Einfluss nicht nur im Fall eines monolingualen oder monokulturellen Sprechers gegeben ist, sondern auch die Zweit- oder weitere Fremdsprachen mit den ihnen anhängenden kulturell geprägten Denkmustern einen Einfluss ausüben, zeigt sich in den oben bereits erwähnten Hindi- oder Navajo-Beispielen. Zahlreiche Untersuchungen dieser Interdependenz von individueller Identität und Mehrsprachigkeit fokussieren den Einfluss einer Kultur (gleich ob Hoch-, Populär- oder Subkultur) auf eine Gruppe von Sprechern - man beachte den Plural -, welche auch einem weiteren sprachlich-kulturellem Umfeld zugeordnet werden können. Als Beispiele seien hier die Untersuchungen von Hoosain (1992:561-571) im chinesisch-englischsprachigem Umfeld sowie die von Insup Taylor (1990:357-358) wiedergegeben Experimente von Ervin-Tripp im hebräisch-englisch- sowie japanisch-englischsprachigem Kontext genannt. Insbesondere der Ende der 1960er Jahre unter in den USA lebenden *Nissei*-Japanern[7] durchgeführte Assoziationstest ist für die vorliegende Arbeit von Interesse, da hier deutlich wurde, dass vor allem bei stark kulturell determinierten Wörtern diese im kulturellen Kontext der jeweiligen Sprache assoziiert werden (siehe Tabelle A).

Jedoch zeichnen sich in dem logischen Weg von den Untersuchungen bis hin zu den Schlussfolgerungen solcher Experimente ein paar Schwachstellen ab. Die Assoziationsexperimente werden mit einzelnen Menschen durchgeführt, da der Frage nachgegangen werden soll, ob sich je nach Sprache, welche verwendet wird, und damit je nach aktiviertem mentalem Muster, das Verhalten der Person ändert. Die Ergebnisse werden ausgewertet, zusammengefasst und interpretiert. Als Schlussfolgerung wird festgehalten, dass die betreffende Gruppe von Probanden eine Tendenz zeigt, je nach kulturellem Kontext eine andere Identität zu zeigen. Im Vorfeld wurde zumeist eine Definition von Identität abgegeben, welche sich

---

[7] Ins Ausland abgewanderte Japaner werden im Japanischen als *Issei* bezeichnet, d. h. als erste Generation. *Nissei* wäre die zweite und *Sansei* die dritte Generation.

an ethnischen, kulturellen oder anderen Gruppenfaktoren orientiert. Kritik kommt insbesondere aus der Ecke derjenigen, die sagen, dass sie, gleich in welcher Sprache sie kommunizieren, doch dieselbe Person mit derselben Identität seien, denn die Vorstellung einer ‚doppelten Identität' scheint irgendwie verstörend zu wirken – sich vorzustellen, aufgrund eines minimalen Situationswechsels nicht mehr dasselbe Ich zu sein.[8]

Tabelle A: Japanisch-Englische Wortassoziationen

Mond		Neujahrstag	
Japanisch	Englisch	Japanisch	Englisch
Mondschau Zebra-Gras Vollmond Wolke	Himmel Rakete Wolke	Piniendekoration Reiskuchen Fest Kimono Sieben Frühlingsgewürze etc.	Neue Kleidung Party Ferien

(Verändert aus: Taylor 1990:357; eine ausführlichere Darstellung bei Miyake o. J. b:164)

Konsequent interpretiert bringen diese Experimente zutage, dass eine Gruppe von Menschen (A), welche sowohl einer Gruppe (B) als auch einer Gruppe (C) angehören und somit eine klassische Schnittmenge darstellen, je nachdem ob in einer Situation der Einfluss von B oder C größer ist, dementsprechend als Gesamtgruppe reagieren. Ob der einzelne Proband wirklich in einer bestimmten Situation einer seiner Identitäten folgend analog dem Durchschnitt von B oder C reagiert, fällt durch das Raster. Auch wird Identität in diesen Fällen

[8] Vgl. zum Identitätswechsel Taylor 1976:248-249; Pavlenko 2005:445-446.

gruppenabhängig definiert, d. h. unter dem Gesichtspunkt, inwieweit eine Person ein Paradebeispiel eines Angehörigen einer bestimmten Gruppe darstellt. Wenn in der Gruppe A 50 Personen sind, von denen 25 ‚Ente' mit ‚Quietschente' und gleichzeitig ‚*duck*' mit ‚Weihnachtsbraten' assoziieren – was die These eines unterschiedlichen Assoziationsverhaltens bekräftigen würde -, würde das Gesamtbild der Gruppe die Theorie widerlegen, wenn die restlichen 25 Probanden die Assoziationen dem jeweiligen anderssprachlichen Element zuordnen würden. Da somit alle Determinanten sich an Gruppen orientieren, kann auch immer nur über die Identität einer Gruppe bzw. die pluriellen Identitäten einer Gruppe gesprochen werden. Ob auch die Identität einer Einzelperson plurielle Aspekte aufweist, kann nicht gesagt werden, solange die Gruppe der entscheidende Faktor ist. Um der Frage nachzugehen, ob eine einzelne Person ihre individuelle Identität situativ ändert, ist es zuerst nötig, einen Identitätsbegriff zu entwickeln, der unabhängig von Gruppen existieren kann, auch wenn das Ich zum größten Teil aus dem Fremdbild erarbeitet wird und somit von der Positionierung im sozialen Raum anhängt. Mit Ausarbeitung eines solchen Konzepts kann dann eventuell auch die Antwort gegeben werden, ob eine solche Identität plurielle Züge innerhalb einer einzelnen Person aufweist. Wenn der Identitätsbegriff von der Gruppe gelöst wird, ist es aber auch fraglich, ob Ergebnisse von individuellen Assoziationsexperimenten auf Gruppen umgeschlagen werden können oder ob vielmehr auch hier eine Einzelbetrachtung notwendig ist. Schließlich hängt bei einem solchen Experiment viel vom Sprachlevel des einzelnen Probanden ab, denn in der Literatur wird sich hierbei oft auf Bilinguale bezogen, ohne aber der Frage nachzugehen, ob die Ergebnisse eventuell helfen könnten, eine Einigung bei der Definition von Mehrsprachigkeit bzw. Bilingualismus zu finden. Vielleicht legen Assoziationsergebnisse einzelner Probanden nahe, dass es sich bei diesen nicht um Bilinguale handelt, gerade weil sich ihre Assoziationen in den beiden Sprachen nicht unterscheiden. Dies sind Fragen, denen der vorliegende Ansatz nachgehen wird.

Die vorliegende Untersuchung beruht in ihrer Grundkonzeption auf einem zweigeteilten Fundament. Auf der einen Seite findet sich die für eine abschließende Diskussion unumgängliche Ausarbeitung eines theoretischen Konzepts, welches ausgehend von bisherigen Definitionen persönlicher oder ethnisch-kultureller Identität und unter Berücksichtigung neuerer neuropsychologischer, aber auch soziologischer und philosophischer Konzeptionen das Ich bzw. Selbst teilweise neu - zumindest im Bereich der Linguistik und der Wortassoziationen bei Mehrsprachigen - definiert, und auf der anderen ein Experiment zur Falsifizierung bzw. Verifizierung der im Zuge der Frage nach der pluriellen bzw. doppelten Identität aufgestellten Thesen. Bevor allerdings der Frage nach der Interdependenz von Identität und Mehrsprachigkeit nachgegangen wird, ist es nötig, grundsätzliche strukturelle Aspekte von Plurilingualität und Kognition, d. h. die mentale Lexikalisierung von Sprache(n) unter dem Einfluss verschiedener kultureller oder ethnischer Strukturen, darzustellen.

Methodische Grundlage zur darauffolgenden Erarbeitung eines über die meisten linguistischen Konzepte hinausgehenden Definitionsansatzes des Selbst ist dabei die Diskursanalyse in einer über die linguistische Interpretation von Teun A. van Dijk hinausgehenden Variante. Während van Dijk den Schwerpunkt auf die sprachliche Äusserung legt und den soziologischen Beitrag weitgehend auf mikrosoziologische Formen der Gesprächsanalyse (Ethnomethodologie) beschränkt, bildet die Mikrophysik von Michel Foucault und deren Weiterentwicklungen im Rahmen der französischen Diskursanalyse ein eher geeignetes Modell.[9]

---

[9] Das Foucaultsche Diskurskonzept unterscheidet sich von einer rein linguistischen Methode durch die Schwerpunktverlegung von der Sprechtätigkeit zur Aussage, so dass Diskurse Aussagesysteme darstellen. Über eine Analyse und Interpretation des Aussagenkorpus wird der Inhalt selber in einem sozialen Feld positioniert, womit sozusagen eine ‚Loslösung' des Wissens vom Individuum erreicht worden ist. „Es ist nicht die Denktätigkeit von Sprechern, die die Bedeutung und die Ordnung des Wissens hervorbringt. Es ist die diskursive Praxis innerhalb eines Feldes, die für Foucault die sinnhervorbringende überindividuelle Praxis darstellt" (vgl. Diaz-Bohne 2003:online). Die Bedeutungseffekte können die Sprecher, auch wenn sie sich dieser Illusion

Für den anschließenden praktischen Teil der Untersuchung wird als geeignete Methode der Wortassoziationstest herangezogen, welcher in seinen verschiedenen Varianten seit über 100 Jahren zum Grundrepertoire von Medizinern, Psychologen, Linguisten und anderen Wissenschaftlern gehört. Bei diesen Experimenten werden Probanden gebeten, auf bestimmte Stimuliwörter mit eigenen Begriffen zu antworten, um so die Verbindungen zwischen Wörtern und Konzepten und deren Gewichtung zu erforschen. Verbindungen und Gewichtung werden in einigen Modellen als feste Verbindung innerhalb eines lexikalisch-semantischen Netzwerks gedacht, während in anderen die Verbindung bzw. die metrische Nähe aus Prozessen resultiert, welche auf eine ihnen eigene Art strukturiert sind (vgl. Dorn 1998:3).

Geschichtlich betrachtet stellte bereits Aristoteles fest, dass gewisse Objekte der Umwelt oder auch Gedanken weitere Ideen wachrufen, und auch Descartes Leibniz oder Locke folgten dieser These. Später waren es Francis Galton (1880), Wilhelm Wundt (1883) und Hermann Ebbinghaus (1885), deren Wortassoziationsexperimente Forscher wie Eugen Bleuler, Carl Gustav Jung, Sigmund Freud und folgende Wissenschaftler beeinflussen sollten (Vgl. zum Folgenden Dorn 1998:6-9; Szalay 1978:10-15; Taylor 1976:62-63 oder ausführlich Merten 1990:1-20). Mit Hilfe der Wortassoziationsexperimente wurde herauszufinden versucht, welche Gedächtnisinhalte in das Bewusstsein vordringen und welchen Regularien sie dabei folgen. Schnell erkannten die Forscher die Bedeutung dieser Technik für Medizin und Psychiatrie. Insbesondere Jung führte in seinen *Diagnostischen Assoziationsstudien* (1906, 1910) Wortassoziationsexperimente in die medizinische Diagnostik ein.

Assoziationen sind weder unberechenbar noch plötzliche Launen, sondern weitgehend stabile, bedeutungsvolle Aussagen, welche genauso organisiert und strukturiert sind, wie unsere Eigenschaften,

---

hingeben, weder überblicken noch kontrollieren. Ein Erklärungsversuch, der auf Ebene der Sprecher ansetzt, die natürlich als Tätigende einer Aussage nötig sind, würde die Ebene auf der Sinn entsteht (Diskursebene), verfehlen, da diese lediglich eine Art von Medium darstellen.

Attitüden oder Vorstellungen (vgl. Szalay 1978:VIII, 21). So sind die Grundlage einer diagnostischen Verwendung von Assoziationstests die Konstanten, dass jedes Wort neben einer Haupt- auch mehrere Nebenbedeutungen hat[10], dass verschiedene Personen zu vertrauten Wörtern die gleichen Antworten geben, wobei diese zu konkreten Nomina schneller erfolgen als zu Abstrakta (Dorn 1998:8), und dass einzelne Personen die Tendenz aufweisen über einen Zeitraum hinweg zumindest ähnliche Antwortschemata aufzuweisen.[11] Bleuler als Vater des Schizopheniebegriffes erkannte aber, dass bei Patienten der *Dementia Praecox* Assoziationen weitgehend nur durch Bruchstücke von Ideen und Begriffen bestimmt werden und schon dadurch etwas Bizarres und Inkorrektes aufweisen, was zu Antworten führen kann, die weder der Beobachter noch das Bewusstsein des Patienten mit dem Gedankeninhalt des Stimuluswortes in Verbindung bringen können (Merten 1990:4). Hier zeigt sich das Phänomen des „kognitiven Gleitens" bzw. „Elaborierens", d. h. des ständigen Eindringens von Nebenassoziationen (Merten 1990: 64).

---

[10] „Das Assoziationsverhalten dient zur Operationalisierung der verschiedenen Bedeutungen, die als hierarchich strukturiert angenommen werden. Zunächst würde mit großer Wahrscheinlichkeit jede Person gleichartig auf ein Stimuluswort reagieren, nämlich mit der Hauptbedeutung. Erst nachfolgend komme es zur Berücksichtigung von Nebenbedeutungen, die sich im jeweiligen Kontext als wichtig erweisen. Zu eben dieser Beachtung von Nebenbedeutungen seien Schizophrene schlechter in der Lage, obgleich die Nebenbedeutungen nicht verloren gingen." Insbesondere hinsichtlich der Interpretation von Homographen im Kontext machen Schizophrene mehr Fehler als Alkoholiker oder Normale, aber weniger als Aphatiker. (Merten 1990:5)

[11] Bei der wiederholten Versuchsdurchführung wird geprüft, inwieweit die auf identische Stimuli gegebenen Antworten übereinstimmen oder voneinander abweichen, was einen Stabilitätswert ergibt. Laut Rosanoff, welcher mit Kent zusammen den Kent-Rosanoff-Test entwickelte, gäben normale Menschen selten mehr als 10 % individuelle Antworten, während bei psychotischen Patienten dieser Wert oft bei über 25 % läge. (vgl. Merten 1990:21)

Dabei gibt es bei Wortassoziationsexperimenten, unabhängig von einer vorliegenden Erkrankung des Probanden, verschiedene Konstanten hinsichtlich des Antwortverhaltens: Frauen geben weniger individuelle Antworten als Männer, Französisch- oder Deutsch-Sprecher weniger als Englischsprecher, Arbeiter weniger als Studenten - wobei sich hierbei soziale Milieus im Antwortverhalten über Sprachgrenzen hinweg ähnlicher sind als verschiedene Lebenswelten einer Sprache (siehe Taylor 1976:66-67) –, jüngere Menschen weniger als ältere Menschen. Zudem ist im Allgemeinen in den vergangenen Jahrzehnten die Anzahl der Individualantworten rückgängig (vgl. Taylor 1976:63; Merten 1990:23). Insbesondere hinsichtlich der Diskrepanz zwischen älteren und jüngeren Probanden werden als ausschlaggebende Faktoren die lebenslange Akkumulation von Informationen und eine verbesserte Adaption sprachlicher Muster gesehen (Merten 1990:23)[12].

Bereits an diesen wenigen Punkten zeigt sich, dass ein einzelner Proband in seinem Antwortverhalten während der Assoziationstest von zwei Kategorien an Faktoren beeinflusst wird. Dies sind die äussere Umwelt, sei sie als Klasse, Milieu, Lebensstil etc., welche die einzelne Person aufgrund ihrer Assoziationen als zu bestimmten Gruppen, Kulturen oder Ethnien zugehörig erkennt[13] und der ‚Zustand' der Person an sich als individueller Faktor. Letzterer ließ sich, dem Dualismus Descartes' folgend, in leibliche[14] Gegebenheiten (Geschlecht & Alter - „konstant") und den geistigen Zustand untertei-

---

12 Darüber hinaus ist unter einem semantischen Gesichtspunkt interessant, dass Erwachsene normalerweise ein Nomen mit einem weiteren Nomen und ein Adjektiv mit einem anderen Adjektiv assoziieren - Kinder dagegen tendieren dazu, syntagmatische Antworten zu geben, was mit noch im Vergleich weniger stark ausgeprägten semantischen Markern und syntaktischen Möglichkeiten zusammenhängt (Taylor 1976:68-70; Merten 1990:20).

13 Vgl. hierzu die in der Einleitung bereits erwähnte Saphir-Worf-Hypothese und die Ergebnisse von Insup Taylor.

14 Zur Unterscheidung von Leib und Körper siehe den theoretischen Ansatz in Kapitel 3.

len. Gerade das Beispiel der *Dementia Praecox* , deren Symptome nicht unbedingt chronisch auftreten, zeigt, dass individuelles Antwortverhalten innerhalb eines kurzen Zeitraums wechseln kann und - wie Beobachter dies häufig schildern - es den Anschein mache, eine andere Person sitze vor einem. Vielleicht wird Schizophrenie gerade deshalb als Persönlichkeitsstörung bezeichnet, da sie unser Empfinden von Identität an der Basis erschüttert. Auf die näheren Auswirkungen des sozialen Umfeldes auf die einzelne Person, ihr mentales Lexikon und damit ihr Antwortverhalten bei Wortassoziationstests werde ich, unter Berücksichtigung vorliegender Bilingualismus, im Zuge der folgenden Kapitel eingehen, wenn neben der kognitiven Struktur auch die Frage nach der Identität herausgearbeitet wird.

Mentalstruktur und Mehrsprachigkeit

Bevor der Frage nachgegangen werden kann, inwieweit sich Mehrsprachigkeit und Identität gegenseitig beeinflussen, muss geklärt werden, wie Sprache bzw. wie mehrere Sprachen in den mentalen Strukturen eines Gehirns abgelegt werden und welche Unterschiede in Sprachen sich hierbei eventuell herausstellen. Wenn Sprache nicht nur Kommunikationsmittel ist, sondern auch Werte und soziale Strukturen vermittelt, liegt der Verdacht nahe, dass dementsprechend auch eine unterschiedliche mentale Lexikalisierung existiert.

Das mentale Lexikon im monolingualen Gehirn

Viele Untersuchungen haben versucht darzulegen, wie Sprachen im menschlichen Gehirn gespeichert werden. Dabei wirft gerade Mehrsprachigkeit eine Reihe von Fragen auf, welche die verschiedenen Theorien immer wieder problematisch erscheinen lassen. Solange von einem monolingualen Gehirn ausgegangen wird, erscheint die Sache noch relativ einfach, wobei die Betonung auf ‚relativ' liegt: ein Konzept - z. B. das Bild eines Tisches - ist (mindestens) einer Lautfolge und - soweit es sich nicht um einen Analphabeten handelt - (mindestens) einer Verschriftlichung zugeordnet. Allerdings ist selbst bei einem konkreten Gegenstand wie einem Tisch das Konzept sowohl konkret als auch abstrakt. [15] Konkret insoweit, als dass ein Proband nach Aufforderung einen Tisch zu zeichnen, einen solchen darstellen kann. Dabei ist das Bild, dass jeder vor Augen hat, vermutlich leicht verschieden: ein großer rechteckiger, brauner Tisch mit langen Beinen, ein schwarzer runder Tisch, ein Schreibtisch etc. Dieses konkret erscheinende Konzept ist abstrakt bzw. offen genug, bislang unbekannte Gegenstände, welche einen Tisch darstellen, als solchen wahrzunehmen und das Konzept dementsprechend anzupassen. So zeigt Abbildung 1 drei verschiedene Kissen, von denen sicherlich das ein oder andere nicht sofort als solches erkannt wird - sobald man aber erfährt, um was es sich handelt, erscheint es plötzlich eindeutig. Je mehr heterogene Erfahrungen eine Person mit einer Kategorie, zu der ein bestimmtes Konzept gehört, gesammelt hat, desto stärker bildet sich eine auf abstraktem Wissen beruhende mentale Repräsentation dieser Kategorie im Gedächtnis aus und es kommt zu Überlappungen in den Vorstellungsmustern von typischen oder weniger typischen Bildern eines Konzepts. Von dieser Repräsentation ausgehend, fällt die Beurteilung anderer zu dieser Kategorie gehörender Konzepte einfacher (vgl. Becker 2000:26; Elsen 2003:89). Wichtig ist das Ausmaß bereits vorhandener Erfahrungen.

Konzepte wiederum stehen nicht für sich alleine, sondern zeichnen sich auch durch semantische Verbindungen zu sie ‚flankierenden'

---

[15] Wie genau Konzepte sein können, zeigt sich an so genannten bedeutungsgleichen Wörtern einer Sprache. Beispielsweise werden im täglichen Sprachgebrauch ‚differenzieren' und ‚unterscheiden' gleich verwendet, wobei außer Acht gelassen wird, dass sich nur differenzieren lässt, wenn die Möglichkeit besteht, beide Objekte, die verglichen werden sollen, voneinander abzuziehen.

Konzepten aus, wie Abbildung 2 am Beispiel des abstrakten Begriffs ‚Planet' verdeutlicht. Während die schwarzen und blauen Pfeile direkte Assoziationen zwischen dem Ausgangsbegriff und weiteren Wörtern darstellen, handelt es sich bei den roten Linien um dominoeffektartige weitere Assoziationen.

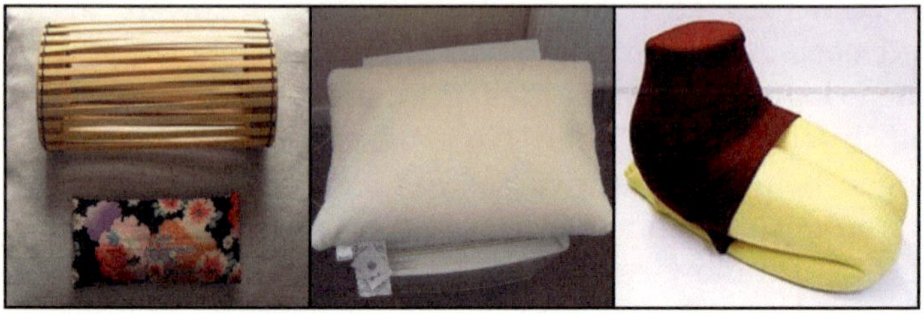

Abbildung 1: verschiedene Varianten von Kissen (Quellen von links: Beanproducts.com, WHK, andreaharner.com)

Zur Erklärung wie im Einzelnen solche Begriffsverknüpfungen vonstattengehen, sind verschiedene theoretische Konzeptionen entwickelt worden, die sich zumeist von ihrer Grundkonzeption her auf die Existenz zweier mentaler Strukturen stützen. Zum einen ein konzeptbasiertes System und zum anderen eines auf der Ebene lexikalischer Einträge. Ersteres beinhaltet Weltwissen in Form nonverbaler Einträge, während das mentale Lexikon (oder kurz Lexikon) Wortrepräsentationen inklusive syntaktischer, phonologischer und - je nach Modell - semantischer Informationen enthält. Allerdings kommt es häufig, was die Begrifflichkeiten nicht gerade vereinfacht, zu einer alternierenden Verwendung von konzeptbasiertem System und semantischem Lexikon (vgl. La Heij 2005:290; Dorn 1998:2)[16]. Die Informationen liegen dabei in einem parallel organisierten, sich selbst

[16] Das in ein paar Theorien entwickelte lexikalisch-semantische System, welches Wortbedeutungen enthält, ist La Heij zufolge noch relativ ungenau artikuliert.

strukturierenden Netzwerk vor (Takashi 2006), welches aus miteinander verbundenen Einheiten besteht. Bezüglich der in einem solchen Netzwerk auftretenden Assoziationen, welche oftmals wiederum als Grundlage einer Konzeptionserstellung dienen, bezieht sich die vorliegende Untersuchung auf die von Matthias Dorn in seiner Dissertation (1998) verifizierte *Spreading Activation Theory*, was aber nicht bedeuten soll, dass Modelle wie das *Expectation Modell*[17] damit widerlegt seien. Auch hierfür finden sich verifizierende Beweise, so dass bislang kein endgültiges, alle Ansätze umfassendes Konzept entwickelt werden konnte. Dazu ist die Materie einfach zu komplex.

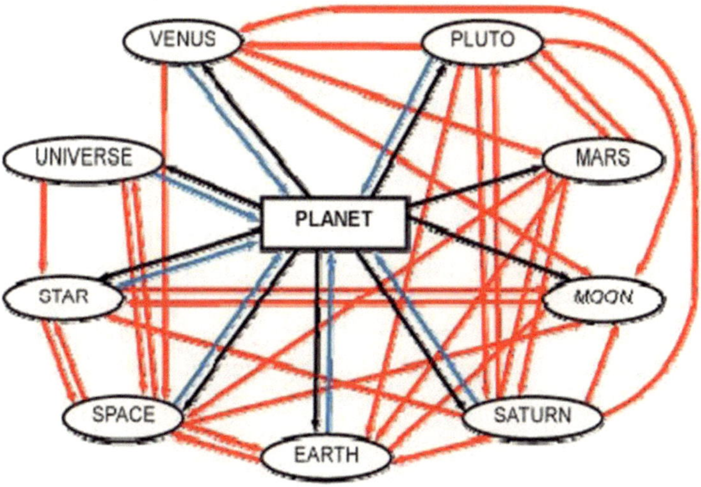

Abbildung 2: Konzeptverknüpfung im mentalen Lexikon
(Quelle: Joyce 2006)

[17] Dorn bespricht in seiner Arbeit neben der wohl am bekanntesten und intuitiv verständlichsten *Spreading Activation Theory* auch das *Expectancy Modell* und die *Clue Combination Theory*. (siehe Dorn 1998:21-39).

Die *Spreading Activation Theory* (zum Folgenden Dorn 1998:21-23, 38) bei Wortassoziationen ist aus Modellen semantischer Netzwerke erarbeitet worden. In solchen Netzwerken liegt die entscheidende Rolle in der Übertragung von Aktivität[18], wobei mit zunehmender – im übertragenen Sinne – Entfernung (Netzwerkdistanz) die Aktivität sich verringert und proportional zur Menge der weiteraktivierten Konzepte abnimmt. Die Höhe der „akkumulierten Aktivität" beeinflusst dabei die Geschwindigkeit, mit der beispielsweise bei Wortassoziationsexperimenten Antworten gegeben werden. Das Modell berücksichtigt dabei sowohl unbewusste als auch bewusst gesteuerte mentale Prozesse, wobei der Akt der Aktivierung („Aktivation") innerhalb des Gedächtnisses automatisch und ohne jegliche Steuerungsmöglichkeiten verläuft. Aktiv beeinflusst werden kann dabei – um beim Beispiel der Wortassoziationen zu bleiben – der Anfangsweg, d.h. ob eine Suche im lexikalischen oder semantischen Bereich gestartet werden soll. Wird nun ein Knoten im semantischen Netzwerks aktiviert und eine Information abgerufen, kommt es zugleich zu einer Aktivierung aller hiermit in irgendeiner Weise verbundenen Knoten, auf deren ‚Inhalte' somit schneller zugegriffen werden kann, was wiederum dazu führt, dass es zu einer Ausbreitung der Aktivierung entlang bestehender Verbindungen kommt (vgl. Becker 2000:228; La Heij 2005:290-291). Dabei ist zu berücksichtigen, dass auch bei bewusster Aktivierung eines lexikalischen Eintrags (‚das ist ein Tisch') alle assoziativen Einträge mit aktiviert werden (Stuhl, Tuch, Bein, Möbel etc.). Dass die Verbindungsstärke und damit Aktivierungsgeschwindigkeit zwischen zwei ähnlichen Konzepten und der dazu gehörenden Kategorie unterschiedlich sein kann, zeigt ein einfaches

---

[18] Das parallel organisierte Netzwerk besteht aus einer unzähligen Menge reziproker Verbindungen, über welche die Informationsverarbeitung stattfindet. Jede Einheit besitzt einen Aktivierungswert und ein wandlungsfähiges Gewicht und besteht aus aktivierenden oder unterdrückenden chemischen Bindungen. Der Verlauf der Aktivierung oder Unterdrückung dieser chemischen Verbindungen, wofür Aktivierungsenergie benötigt wird, kann in seinem Ausmaß erfasst werden. Der Prozess an sich besteht dabei aus einer minimalen Energieveränderung (siehe Takashi 2006).

Beispiel: Auch wenn sowohl eine Olive als auch eine Orange eine Frucht ist, benötigt es doch einen längeren Zeitraum den Satz ‚eine Olive ist eine Frucht' zu verifizieren, als wenn gesagt wird, dass eine Orange eine Frucht sei (vgl. La Heij 2005:290-292). Obwohl beide Obstsorten mit dem Konzept ‚Frucht' verbunden sind, werden sie unterschiedlich gewichtet, was sicherlich damit zusammenhängt, dass die Bahnung unterschiedlich stark ausgeprägt ist, denn schließlich wird wohl ‚Orange' im Kontext ‚Frucht' häufiger vorkommen als ‚Olive'. Noch länger dürfte die Verifikation der Aussage dauern, ‚eine Erdnuss sei eine Bohne', da sie im Deutschen fälschlicherweise unter Nuss subsumiert wird. Darüber hinaus gibt es Fälle, in denen ein Konzept vorhanden ist, aber sich hierzu kein Eintrag im mentalen Lexikon finden lässt. Ein Konzept wie ‚knurrender Magen, flaues Gefühl in der Bauchgegend, leicht einsetzender Speichelfluss' ist dem Eintrag ‚hungrig' zugehörig. Sind diese Symptome nicht mehr gegeben, trifft der Eintrag ‚satt' zu. Genauso gibt es auch das Konzept ‚nicht-durstig-sein' und lässt sich mit Hilfe anderer Einträge (z.B. ‚Verneinung', ‚durstig', ‚existieren') umschreiben, aber es fehlt hierfür ein eindeutiger lexikalischer Eintrag.[19] Ähnlich ist es mit dem Phänomen, bekannte Gerüche treffend mit Worten zu charakterisieren, ohne auf Umschreibungen zurückzugreifen (vgl. Dorn 1998:2). Dabei sind allerdings solche fehlenden Einträge nicht sprachenübergreifend, sondern beziehen sich auf ein Sprachsystem. Beispielsweise haben die Kpelle in Liberia ein umfangreiches Vokabular, mit dem sie verschiedene Mengen Reis benennen können, so dass sie nicht nur für einzelne Reismengen lexikalische Einträge haben, sondern auch mithilfe dieser bei Experimenten, in denen die Gegenprobe mit US-Amerikanern vollzogen wurde, viel genauer das Gewicht dargebotener Reismengen schätzen konnten (Trommsdorf 2003:53). Im japanisch-deutschen Vergleich gibt es einen Wörterbucheintrag

---

[19] Bezüglich des später folgenden Wortassoziationsexperimentes Japanisch-Deutsch ist interessant, dass bereits für die Begriffe ‚durstig' und ‚hungrig' im Japanischen mangels eigenständigen Eintrags Umschreibungen wie *‚nodo ga kawaite iru'* (‚die Kehle dürstet') bzw. *‚kūfuku de aru'* (‚einen leeren Bauch haben') notwendig sind.

‚Wasser' bzw. ‚*mizu*'. Während ‚Wasser' unabhängig vom Aggregatszustand verwendet wird, bezeichnet ‚*mizu*' lediglich kaltes Wasser. Das entsprechende Äquivalent zu heißem Wasser ist ‚*ōyu*', was dazu führt, dass bei der Verwendung des Begriffs ‚*mizu*' in Verbindung mit Tätigkeiten, die heißes Wasser erfordern, Netzwerkverknüpfungen gefordert werden, die so bisher nicht existierten (vgl. Miyake o. J. a:75).

Bis zu diesem Punkt erscheint es noch einfach, denn solange sich in einer Sprachumgebung bewegt wird, finden sich *idealiter* eindeutige Zuordnungen von einem Konzept zu einem Eintrag im mentalen Lexikon. Komplexer wird es, sobald eine zweite Sprache hinzukommt. Teilweise reicht schon ein Dialekt neben der dazu gehörenden Standardsprache, da sich bereits hier unterschiedliche Wortverwendungen finden können. Beispielsweise bedeutet ‚simulieren' in den Mundarten des Marburger Nordkreises in Hessen nicht mehr ‚vortäuschen', ‚nachahmen' oder ‚sich verstellen', sondern, denken', was wiederum andere Assoziationen hervorruft, als anbetracht der standardsprachlichen Bedeutungen erwartet.

Das mentale Lexikon im mehrsprachigen Umfeld

Während sich Theorien zur Erklärung von Kognition bei monolingualen Sprechern zumindest auf ein paar fundiert erscheinende Konstanten wie Konzept oder lexikalischer Eintrag stützen können, stehen diese, sobald es sich um multilinguale Konzepte handelt, selber zur Diskussion. Ausgehend von der Hypothese, dass Konzepte universell und sprachübergreifend sind, dreht sich die Forschungsdiskussion um den Punkt, ob Begriffe einzelner Sprachen über separate Speicherungskonzepte oder über einen sprachübergreifenden Speicher den einzelnen Konzepten zugeordnet sind. Die Universalität der Konzepte, d. h. ihre sprachunabhängige Existenz, wird kaum hinterfragt, obwohl sie von Sprache zu Sprache divergieren und die Eigenschaft haben, sich anzupassen, wenn eine neue Sprache mit neuen

Strukturen, Werten und Ideen hinzukommt (vgl. Miyake 2005:49-51; o. J. b:163-164). Außerdem steht es außer Frage, dass es Kulturen und damit Sprachen gibt, die bestimmte Konzepte nicht kennen oder gänzlich anders auslegen oder werten (z.B. ‚Freitod' in Japan und Deutschland oder ‚Waffen' in Verbindung mit ‚Recht' in den USA und Europa). Wird nun eine Sprache erworben, welche ein neues Konzept mitbringt, wird dieses mit in die bestehende ‚Konzept-Datenbank' aufgenommen. Dies wirft die Frage auf, ob nicht beim Zweitspracherwerb das zu einem Wort gehörende Konzept generell neu aufgenommen und speziell als zu einer bestimmten Sprache gehörend markiert wird. Erst in einem folgenden Schritt würde dann im Fall, dass beide Konzepte äquivalent seien, ein Konzept für beide Sprachen gelten. Deckte sich das neue Konzept teilweise mit dem Bestehenden, käme es zu einer Modifikation oder einer separaten Speicherung, wäre es neu, würde es unter Anpassung an vorhanden Normen oder Wertvorstellungen, welche hiermit eventuell in Verbindung stehen könnten, übernommen.[20]

Die Diskussion um die Speicherung von mehreren Sprachen in einem mentalen System beeinflusst eine eventuell entstehende Neuinterpretation des Konzeptspeichers nur bedingt. In ihren Extremen treffen hier zwei Strömungen aufeinander, welche ihre Position durch unterschiedliche Experimente gefestigt sehen. Einerseits die Vertreter der *independence hypothesis* bzw. *common-code hypothesis,* die von separaten Lexikalisierungen verschiedener Sprachen ausgehen, und andererseits die Fraktion der Anhänger der *interdependence hypothesis* bzw. *separate-code hypothesis,* welche die Speicherung aller Sprachen in einem gemeinsamen mentalen Lexikon postuliert (vgl. zur Diskussion Chen 1992:253; Heredia & McLaughlin 1992:91; Miyake 2005:53; Hell & de Groot 1998:195; Taylor 1990:358). Für beide Ansätze sprechen

---

[20] Eine Überprüfung dieses Ansatzes muss allerdings an anderer Stelle erfolgen und wäre denkbar in Form eines Assoziationstests, bei dem Mehrsprachige bestimmte Konzepte darstellen müssten. Eventuell würde sich bei einem deutsch-englischen Bilingualen das Konzept von ‚Ente' bzw. ‚*duck*' unterscheiden. Vgl. zu den Überlegungen auch Pavlenko 2005:438.

verschiedene Experimente, die teils psycholinguistischer, teils klinischen Naturen sind.

Klinische Untersuchungen, welche für eine separate Lateralisierung von Sprache und damit einer Abspeicherung in unabhängigen mentalen Lexika sprechen, basieren auf Erfahrungen aus Aphasie- und Epilepsie-Erkrankungen, die zu selektiven Störungen bestimmter Sprachen bzw. deren Aktivierung führten, sowie aus Experimenten mit elektrischer Stimulation, was bei mehrsprachigen Personen selektive Störungen einer Sprache verursachte. So entstand die medizinische Vorstellung, dass verschiedene Areale des Gehirns (z.B. Broca- oder Wernicke-Areal) für verschiedene Komponenten der Sprachverarbeitung verantwortlich sind, deren Schädigungen bestimmte kommunikative Einbußen nach sich ziehen. Beispiele hierfür sind der Verlust der Sprachproduktion oder des Sprachverständnisses (vgl. Franceschini 2002:120-122). Aus psycholinguistischer Perspektive kommt diese Hypothese fördernd hinzu, dass es kaum Interferenzen zwischen den einzelnen Sprachen gibt (vgl. Taylor 1990:353). Gerade an diesem Punkt argumentieren Vertreter derselben Lateralisierung von Sprachen, dass sowohl das Phänomen des bewussten oder unbewussten Sprachwechsels bzw. -mischens (*code switching*) als auch die Fähigkeit frei zwischen Sprachen zu wechseln, für einen gemeinsamen Speicherort sprechen. In Stroop-Tests fiel auf, wie wenig sich der Einfluss einer Zweitsprache vermeiden ließ, wenn die Erstsprache aktiviert wurde. Dass es nicht häufiger zu unerwünschten Interferenzen kommt, kann der Existenz eines „Sprachschalters" (*language switch*) verdankt sein, also einer separaten Gehirnregion, welche den Zugang zu den einzelnen Sprachen kontrolliert (vgl. Franceschini 2002:123). Neue Technologien wie Tomographen können hier nur eingeschränkt eine eindeutige Antwort geben, dass die Probanden Sprachäußerungen in den jeweiligen Sprachen nur denken und nicht äußern dürfen. Zwar sollen bei gleichem ‚Gesprächsinhalt' unabhängig der Verwendung von Französisch, Italienisch oder Deutsch die gleichen Aktivierungsmuster auftreten, was Franceschini (2002:52) als weiteren Beweis gleicher Lateralisierung auffasst, aber in der folgenden Fußnote kommt sie nicht umher zu erwähnen, dass beispielsweise Japanisch andere Aktivierungsmuster hervorbringt als indoeuropäische Sprachen. Ob dies wirklich allein an den unterschiedlichen Schriftsystemen liegt, müsste ein Experiment mit schriftlosen Probanden herausfinden. Im Vergleich schwedisch-deutscher Bilingualer zeigte sich jedenfalls, dass unterschiedliche Hemisphären des Gehirns verwendet werden, je nachdem ob beide Sprachen gleich stark ausgeprägt waren oder eine dominierte (siehe Mägiste 1992:552).

Da sich Pro und Contra der *independence hypothesis* und der *interdependence hypothesis* mehr oder weniger die Waage halten, gewinnen zunehmend die Vertreter eines Mittelweges, wie ihn auch Kolers 1966 vertrat, fachliches Gewicht. Mehrsprachige haben weder ein strikt separates noch ein geteiltes Lexikon, sondern es gibt Informationen, zu welchen alle im Gehirn vorhandenen Sprachsysteme Zugang haben, und solche, die nur von einer Sprache abgerufen werden können. (vgl. Heredia & McLauglin 1992:91-92; Taylor 1990:353).

Unabhängig davon welcher Theorie der Vorzug gegeben wird oder ob tendenziell der Versuch eines Mittelweges bevorzugt wird, bleibt die Frage der Zuordnung der einzelnen Sprachen zueinander. Ist die Zweit- oder Drittsprache über die Erstsprache mit dem jeweiligen Konzept verbunden oder existiert eine direkte Verbindung jeder einzelnen Sprache mit der ‚Kontext-Datenbank'? In ihren Untersuchungen fanden Jeanette Altarriba (1992:170) sowie Judith Kroll und Alexandra Sholl (1992:192-193) heraus, dass sich die Art der Verknüpfung im Zuge des Spracherwerbs ändert. Ein stark ausgeprägtes mentales Lexikon der Erstsprache wird mit beginnendem Zweitspracherwerb um einen Speicher für die neue Sprache erweitert, so dass erstere als mediatives Verbindungselement zum Konzeptspeicher fungiert. Erst mit zunehmender Sprachfähigkeit wird diese Wortassoziationsverbindung zugunsten einer direkten Verknüpfung mit der ‚Kontext-Datenbank' präferiert (siehe Abbildung 3), was erklärt, dass mehrsprachige Personen mit weniger gut ausgeprägter Zweitsprache bei Assoziationsexperimenten häufig lediglich die Übersetzungsäquivalente angeben und von diesen ausgehend weiter assoziieren. Diese Präferenz der Direktverbindung mit dem Kontext entsteht automatisch, wenn Sprecher zunehmend ohne Umweg über die Erstsprache reziprok eine Verknüpfung des Kontexts mit einem Begriff der Zweitsprache aktivieren.

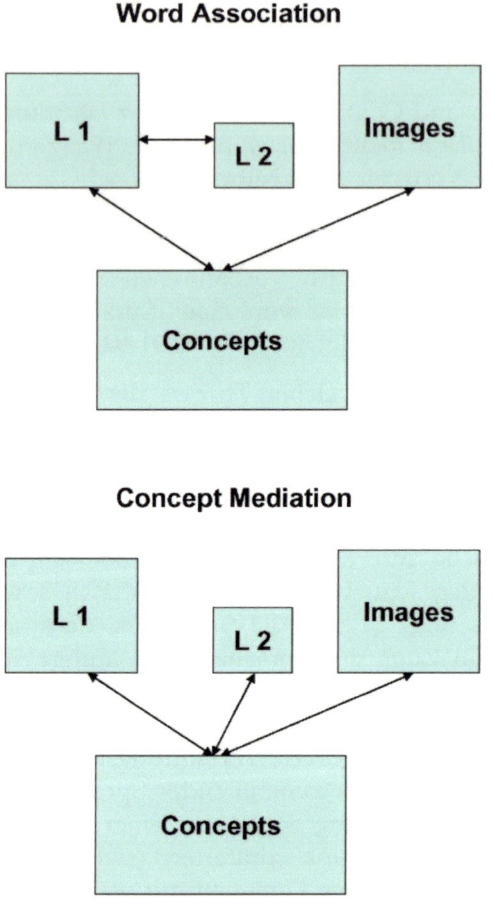

Abbildung 3: Wortassoziations- und Konzeptmediationsmodell des mentalen Lexikons (Quelle: nach Kroll & Sholl: 1992:192)

Sobald Zweit- oder Drittsprachen sich dem Erstsprachenniveau nähern und die konzeptmediative Verschaltung verstärkt wird, hilft zum besseren Verständnis ein von Johannes Müller-Lancé (2002:135) erarbeitetes Modell der Vernetzung des multilingualen Wortschatzes (Abbildung 4). Symbolhaft um das sprachübergreifende Konzept ‚Wasser' – einschränkende Anmerkungen siehe oben – herum angeordnet, finden sich die einzelnen Bedeutungen in den unterschiedlichen Sprachen (‚Wasser', ‚*water*', ‚*aqua*' etc.). Diesen Bedeutungen wiederum sind formale Elemente wie lautliche und orthographische Form sowie die Marker (*tag*) zugeordnet, ob es sich um a) ein Wort der Erst- oder einer Zweitsprache handelt und b) welcher Zweitsprache. Für eine getrennte Speicherung von Bedeutung und Sprachzuordnung durch ein *tag* spricht, dass bisweilen Bedeutungen erinnert werden, obwohl vergessen worden ist, zu welcher Sprache diese gehören (vgl. Taylor 1990:358). Die Deutlichkeit der Verbindungslinien steht für den Grad der Bahnung, welche mit zunehmender Häufigkeit der Aktivierung einer Verbindung stärker ausgeprägt ist und somit schnellere Aktivierungen zulässt. Da weit entfernte Neuronen enger miteinander verschaltet sein können, als nah beieinander liegende, ist die Entfernung zwischen einzelnen Elementen des Modells rein symbolisch (vgl. auch Heredia & McLaughlin 1992:91).

Da die meisten Theorien zur multilingualen Sprachspeicherung und Sprachverarbeitung vor dem Hintergrund mehr oder weniger miteinander verwandter, indo-europäischer Sprachen entstanden, lassen sie die Verknüpfungen von orthographischen sowie lautlichen Informationen mit der Bedeutung und dem Konzept unkompliziert erscheinen. Dies ändert sich, sobald der Rahmen alphabetischer bzw. syllabischer Verschriftlichungen, die zur Repräsentation eines Wortes auf eine enge Auswahl von Symbolen zurückgreifen, verlassen wird. Wenn allerdings eine Sprache die Einzelzeichen ihrer Schrift nicht auf einzelnen Phoneme (z. B. /a/, /sh/, /n/) aufbaut, sondern Morpheme (z. B. chinesisch *shan* ‚Berg', *jen* ‚Mensch') verwendet, nimmt die potentielle Zahl von Zeichen, welche zur schriftlichen Fixierung selbst eines kurzen Textes vonnöten sind, gewaltige Ausmaße an.[21] Zwar werden auch im Chinesischen die meisten Wörter aus Komposita gebildet und dementsprechend sind nur wenige tausend Schriftzeichen für den täglichen Gebrauch notwendig, aber es sollte nicht unerwähnt bleiben, dass das umfangreichste Zeichenlexikon beinahe 50.000 Einträge von Einzelzeichen enthält[22]. Dabei bestehen allerdings die einzelnen Schriftzeichen aus wiederkehrenden Elementen (z. B. ‚mögen' (好) aus Frau (女) und Kind (子)). Aufgrund dieser enormen Zeichenlast wird wiederum in geschriebenen Texten das Problem der Homonymie abgeschwächt. Das Chinesische verfügt über eine eindeutige Zuordnung zwischen Schriftzeichen und der dazu gehörenden Lesung bzw. der Bedeutung. Im Falle des Japanischen verkompliziert sich das Ganze allerdings. Da es sich beim Japanischen um eine flektierende Sprache handelt, reichte das System dieser sino-japanischen Zeichen nicht aus, da diese keine Flexion kennen. Dies führte neben der Übernahme der sino-japanischen Schriftzeichen (*kanji*) zur Erfindung zweier Silbenalphabete (*hiragana* und *katagana*), die sowohl gleichwertig neben den *kanji* als auch substituierend verwendet werden können. Dies führte dazu, dass, nachdem auch die lateinische Schrift (*rooma-ji*) neben der *kanji-kana*-Verschriftlichung Verwendung fand, jede Bedeutung in mindestens vier orthographischen Varianten wiedergegeben werden kann (z. B. ‚Universität': *kanji* 大学, *hiragana* だいがく, *katakana* ダイガク, *rooma-ji* Daigaku, alte *kanji*-Verschriftung 大學). Darüber hinaus wurden zu Beginn der Übernahme der Schrift im 6. und 7. Jahrhundert *kanji* nicht als Morpheme übernommen, sondern auch als phonetische Wiedergabe des Japanischen und, um es noch komplizierter zu machen, wurden mit jeder kulturellen Übernahme aus China auch eine neue – das Chinesische entwickelte sich schließlich weiter – Lesung eines Zeichens hinzugefügt. Die Grundannahme, dass ein Zeichen eine Le-

---

[21] Vgl. zur Schriftstruktur des Chinesischen sowie des Japanischen – inklusive Schriftübernahme – das Kapitel „Schriftsysteme" in Miller 2000:95-146.

[22] Dabei handelt es sich um das zwischen 1955 und 1960 in 12 Bänden herausgegebene *Daikanwa jiten* von Morohashi Tetsuji (Tōkyō: Tashūkan shoten).

sung besitzt, existiert daher im Japanischen nicht: jedes Zeichen – mit wenigen Ausnahmen in Japan generierter *kanji* – besitzt mindestens eine japanische (*kun-yomi*) und eine an das Chinesische (*on-yomi*) angelehnte Lesung, wobei meistens die richtige Lesung von dem auf das einzelne *kanji* folgende Zeichen (*kanji* oder *kana*) abhängt (zur Verdeutlichung im Folgenden mit einem Minus abgetrennt).

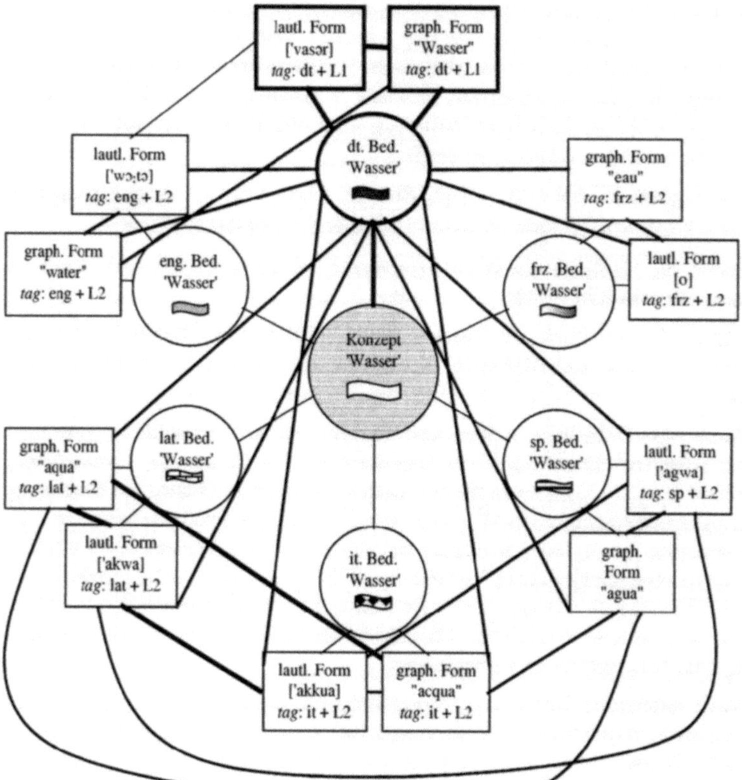

Abbildung 4: Modell der Vernetzung des multilingualen Wortschatzes (Quelle: Müller-Lancé 2002:135)

Bezüglich des *kanji* 明 mit der zentralen Bedeutung ‚Klarheit' bzw. ‚Scheinen' wären das – inklusive weitere „Nebenbedeutungen" – die der chinesischen Sprache angelehnten Lesungen *MEI* (Klarheit), *MYŌ* (morgen, kommend) und *MIN* (Ming-Dynastie), sowie die japanischen *a-keru* (öffnen), *a-ku* (offen sein), *a-kasu* (Zeit verbringen), *a-ke* (Verfall, Dämmerung), *akashi* (Beweis), *a-karui* (hell, klar), *aki-raka* (strahlend), *a-kuru* (kommend), *saya-keshi* (klar, erfrischend) und *a-ki* (leer, frei). Sollte dem Zeichen allerdings die Sonne (日) folgen (明日), wird das Kompositum gänzlich anders gelesen: *ashita* oder *asu*.

Da eine solche orthographische und lautliche Komplexität in den Theorien der meisten europäischen Linguisten nicht berücksichtigt wird, erarbeiteten Kudo Takayuki und Terry Joyce unabhängig voneinander modifizierte Versionen eines *Japanese Lemma Unit Models* (vgl. Joyce 2002, 2004, 2006; Kudo 1992:197-216). Dieses Modell ist ein lokales Verknüpfungskonzept, dessen mechanische Grundlage zur Herstellung eines Zugriffs zum mentalen Lexikon die Aktivation ist. Die unterschiedliche Lateraliserung von orthographischen, phonetischen und konzeptuellen Informationen beim Zugriff auf das Lexikon von japanischen Muttersprachlern wurde bislang von neurologischen Studien belegt.[23] 70 % des japanischen Wortschatzes besteht aus Zwei-Schriftzeichen-Komposita, wobei das zweite Zeichen immer die Lesung und zum größten Teil die Bedeutung des vorangehenden beeinflusst, aber nicht immer hundertprozentig festlegt. Somit ist das folgende Zeichen sowohl für Wortbedeutung als auch Lesung wichtig und müsste daher die Eintragsstruktur des mentalen Lexikons stark beeinflussen.[24] Diese Bedeutungszumessung des Folgezeichens wider-

---

[23] Neurolinguistischen Studien zufolge werden bei Sprachen mit komplexen Schriftzeichen, wie dem Japanischen, Informationen zu Wortbedeutung, Orthographie und Phonetik in unterschiedlichen Bereichen und auch Hemisphären des Gehirns abgelegt (vgl. Kudo 1992:197-198).

[24] Die Bedeutung der Morphemstruktur ist bereits früh zu Erklärung von Wortbildungsregeln und grammatischen Konstruktionen des Japanischen herangezogen worden (vgl. Jens Rickmayer *Japanische Morphosyntax*; Heidelberg: Julius Groos Verlag; 1995).

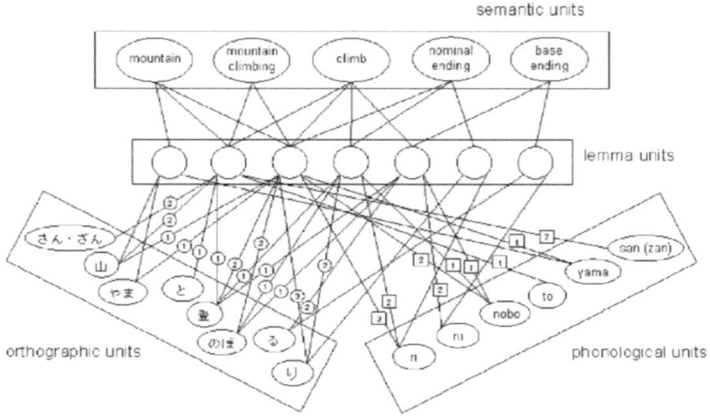

Abbildung 5: Joyces Modell der Anordnung der Informationen im mentalen Lexikon (Quelle: Joyce 2006).

spricht der bisherigen Lehrmeinung, die – ähnlich der Theorien zu indo-europäischen Sprachen – sich die Anordnung von Komposita im mentalen Lexikon als Kluster vorstellt, wobei Grundlage immer das erste Morphem ist, dass sich Komposita teilen. Am Beispiel ‚Land' (*koku* 国) würde der Zugriff auf alle Komposita, welche mit diesem Zeichenbeginnen (z. B. ‚Patriot' *kokushi* 国士, ‚Landesgeschichte' *kokushi* 国史, ‚Parlament' *kokkai* 国会) demzufolge über das erste Morphem (*koku* 国) erfolgen. Dies würde allerdings bedeuten, dass alle Wörter, welche mit dem gleichen Schriftzeichen (*koku* 国) und der gleichen Zeichenbedeutung, aber nicht der gleichen Lesung (*kuni, koku* 国) beginnen (z.B. der Einwohner eines Staates *kunibito* 国人), nicht direkt mit den vorangegangenen Begriffen assoziiert sind. In den Beispielgraphiken zu seinem Lemma Unit Model (Abbildungen 5 und 6; Seite 32, 33), verwendet Joyce den Begriff ‚Bergsteigen', dessen dem Chinesischen angelehnte Lesung *tozan* (登山) ansonsten nicht in Verbindung mit der japanischen Lesung *yamanobori* (山登り) stehen würde, obwohl die Bedeutung äquivalent ist.

Gerade mit seinem Modell werden aber die lexikalischen Einträge mit ihren orthographischen (*kanji*, *kana*, Alphabet), phonologischen (*on*- oder *kun*-Lesung), semantischen und syntaktischen Informationen in nachvollziehbarer Weise durch das mediative Element des Lemma verknüpft.

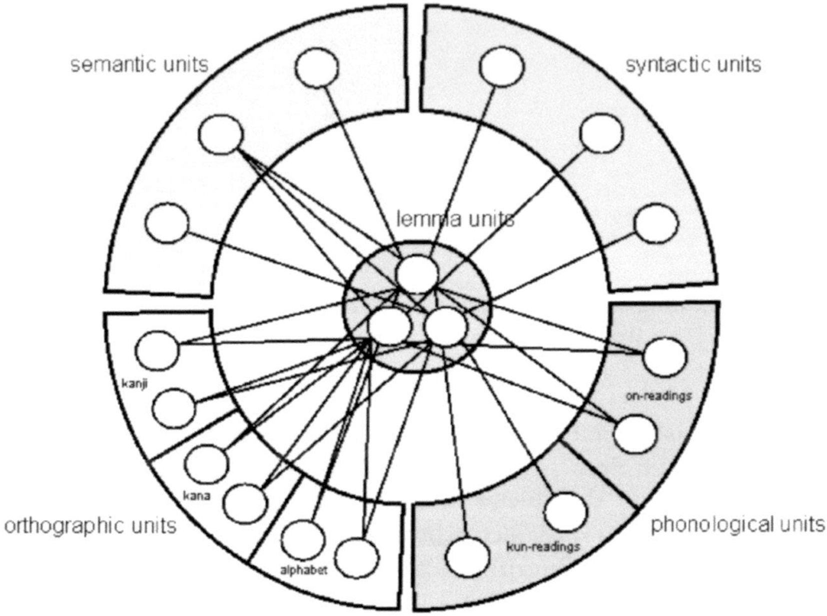

Abbildung 6: Joyces Modell der Anordnung der Informationen im mentalen Lexikon (Quelle: Joyce 2006).

Mehrsprachigkeit und Identität

In seiner Eigenschaft eines *homo sociologicus* legt das Konzept ‚Mensch' nahe, sich bei der Definition von Identität auf Faktoren in der Umgebung einer Person zu beziehen. Jeder Mensch existiert in einem Umfeld, in welchem fortlaufend seine Sozialisation stattfindet.[25] Dabei spielt es letztendlich nur eine untergeordnete Rolle, wie dieses Umfeld dem theoretischen Ansatz entsprechend, bezeichnet wird: ‚Kultur'[26], ‚Ethnie' oder ‚Milieu' usw. Identität entsteht aufgrund der langjährigen Wechselwirkungen zwischen einer Person und dem sie umgebenden sozialen Raum – gleich zweier Systeme, einem sozialen

---

25 Auf die beiden grundlegenden Fragen, warum Personen überhaupt Identitäten ausbilden müssen und warum diese dann über eine gesellschaftliche Rolle hinausgehen, kann hier allerdings nicht eingegangen werden.

26 Stuart Hall, Mitbegründer der *cultural studies*, definiert Kultur als einen nationalen „Diskurs, eine Weise, Bedeutungen zu konstruieren, die sowohl unsere Handlungen als auch unsere Auffassung von uns selbst beeinflusst und organisiert (Hu 2993:8). Im Zuge des *cultural turn* in den Sozialwissenschaften wurde es aber zunehmend populärer, kulturwissenschaftliche Ansätze zu verwenden, was zu einer Vielzahl unterschiedlicher Definitionen von ‚Kultur' führte – jedes Mal der Intention des Autors entsprechend. Auffallend ist dabei, dass zumeist Definitionen gewählt werden, welche einschränkender sind als z. B. der weite Kulturbegriff der Ethnologie und eher soziologischen Begriffen wie Habitus oder dgl. entsprechen. Da nicht mehr wertend zwischen Hochkultur und Sub-Kulturen unterschieden wird, gelten alle Bereiche menschlicher Existenz als Kultur: von Themen wie Erziehung und Religion bis hin zu Schlafgewohnheiten und Werkzeuggebrauch (siehe Marcel Mauss' Aufsatz über englische Spaten in Frankreich während des 1. Weltkriegs) – wichtig ist nur, dass es tradiert werden kann. Gerade die letzten beiden Punkte, Werkzeuggebrauch und Tradierung, erlauben es daher auch bei einigen Tieren von Kultur zu sprechen – auch wenn dies einigen Anhängern des (Hoch-) Kulturbegriffs missfällt.

und einem personalen, welche füreinander reziprok Konstitutionsbedingungen und auch Stabilitätsbedrohungen sind. Talcott Parson und Niklas Luhmann konzipierten diesen Ansatz, bei dem „Personen auf der einen, Sozialzusammenhänge auf der anderen Seite als unterschiedliche Arten sinnverarbeitender Systeme, die für einander wechselseitig Umwelten bilden", gesehen werden (Schimank 2002:15). Von einer solchen Dichotomie ausgehend und im Systemübergang eine Art Selbstschutz des personalen Systems annehmend, zu dem ich später kommen werde, findet sich ein intuitiv erfassbarer Einstieg in die Diskussion um Identität.

Jedoch was zeichnet dieses soziale System als Umweltfaktor aus? Da die meisten theoretischen Ansätze zur Identitätsdiskussion weniger von zwei sich gegenseitig beeinflussenden Systemen ausgehen, sondern eher individuelle Identität vor dem Hintergrund eines Vergleichwertes wie ‚der europäischen Kultur' oder ‚der Punk-Szene' herausstreichen und zu klassifizieren versuchen - Klassifikation in dem Sinne, dass eine Identität nur zu einem bestimmten Teil der Bezugsgröße entspricht -, erliegen sie zunehmend einem starren Umweltbegriff (vgl. Thompson 2006:172). ‚Kultur' noch mehr als ‚Ethnie', was mit der zunehmenden Mobilität der Bevölkerung zusammenhängt, stellen relativ starre Konstrukte dar. Selbst bei einer größeren Immigrationswelle besteht eher die Bereitschaft - spätestens mit der zweiten Generation - diese als neuen Teil einer ‚Ethnie' zu betrachten, welcher diese als Referenzwert natürlich modifiziert, als die Dichotomie zwischen der ‚originären Kultur' und jener der Zuwanderer fallen zu lassen. Die der europäischen Kultur eigene ethnozentrische Sichtweise wertet automatisch und unbewusst nicht-europäische Kulturen mit der eigenen als Referenzwert.[27] Dabei vereinfacht natür-

[27] Beliebt ist dabei die Hervorhebung Erziehung zu individualistischen Personen sei etwas sehr Positives, was wiederum damit einhergeht, Erziehungssysteme, welche diese Ziele nicht verfolgen, nicht als ebenbürtiges Erziehungskonzept darzustellen. Dabei haben Untersuchungen mittlerweile gezeigt, dass bspw. Japanische Kinder individueller erzogenen Gleichaltrigen gegenüber in sozialen Bereichen, wie auch *in punkto* Eigenständigkeit oder

lich ein solches stabiles Konzept von Kultur die theoretischen Ansätze, da größere prototypische Gruppen als Vergleichswert zur einzelnen Person gesehen werden (vgl. Lüdi 2003:42-43). Wechselt nun ein Individuum von seiner ‚Primärkultur' in ein neues kulturelles Umfeld, d. h. dass ihn umgebende soziale System ändert sich, wird sein ‚Ich' mit den neuen kulturellen Vorgaben sowie den vorherigen Werten ‚verglichen', um ausdrücken zu können, inwieweit die Person noch analog ihrer angestammten Kultur handelt und wieweit das Muster dem neuen Umfeld entspricht. So entstehen dann Konzepte aufeinander folgender Akulturationsprozesse[28], plurieller Identitäten oder multikultureller Persönlichkeiten (vgl. Moodley & Curling 2006:324) – allein, weil die Denk- und Handlungsmuster des beobachteten Individuums sich nicht eindeutig den Vorgaben der Umwelt zuordnen lassen.

Selbstverständlich spielt Kultur, insbesondere die ‚Primärkultur', eine tragende Rolle bei der Ausbildung von Identität und Kulturen sind auch hinsichtlich ihres Einflusses auf die Sozialisation nicht einfach austauschbar. Wären Kulturen einfach adaptierbar und austauschbar, könnten Personen, die sich kulturell ihrer neuen Umgebung anpassen, auch kulturell gebundene Symptome bekommen, was aber bisher nicht beobachtet werden konnte. Mentale, an spezielle Kulturen gebundene Störungen wie *Shenjing Shuairuo* bei Chinesen (eine Form der Neurasthenie), Taijin *Kyofusho* bei Japanern (TKS) oder *ataque de nervios* in der Karibik (auch bekannt als *Puerto Rican syndrome*) zeigen die Bedeutung der Prägung durch die Erstkultur, denn selbst nach Wechsel des Umfelds können diese Symptome noch auftreten (vgl. Ancis 2006:130-131; James 2006:145). Auf der anderen Seite wird sich ein Individuum auch nie hundertprozentig in seinem neuen kulturellen Umfeld so anpassen, dass es analog zur neuen Referenzkultur handelt und denkt (vgl. Yamaoka 2006:275-281). Dies steht alles außer Frage, nur ist Kultur eben nicht die „Entität"

Spieltrieb, mindestens ebenbürtig sind (vgl. Grossmann, Keppler & Grossmann 2003:81-110; Nisbet 2003:150; Taylor 2006:203).

[28] Zu verschieden Stufen der Akulturation vgl. Miller & Speight 2006:311 und David 2006:67; ansonsten auch Nisbet 2003:227-228).

(Helfrich 2003:270), als die sie bisweilen bezeichnet wird. Daher sollte auch in der Linguistik überlegt werden, den Kulturbegriff als Referenz gegen detaillierte Ansätze mit einem feineren Raster auszuwechseln.

Das soziale System als Umwelt eines Individuums ist – so banal es klingen mag – nicht auf dieses beschränkt, sondern beinhaltet noch weitere Menschen in Form individueller personaler Systeme. Auch sollte das soziale System nicht als ein einheitlich auf alle enthaltenen personalen Systeme wirkendes Konzept verstanden werden, sondern eher als multidimensionaler Raum, dessen ‚Ecken' unterschiedliche Bedingungen aufweisen. Die personalen Systeme interagieren mit dem Raum und den anderen personalen Systemen, so dass es möglich ist, dass sich ihre Positionen verändern. Je näher sich zwei personale Systeme stehen, desto wahrscheinlicher ist die Annahme eines ähnlichen Habitus – nicht unbedingt einer ähnlichen Identität. Innerhalb dieses multi-dimensionalen Raums finden sich soziale Felder, welche – und ab diesem Punkt lässt sich das Habitus-Konzept von Pierre Bourdieu heranziehen – sich durch ihre unterschiedlichen Ausprägungen unterscheiden. Die sozialen Felder definieren sich durch die qualitative und quantitative Zusammensetzung ihrer „Kapitalarten". Es gibt „ein Kapital mit ökonomischer Dominanz (Vermögen, Sachwerte, Eigentumstitel, hohe Einkommen), das auch mit symbolischen Eigenschaften ausgestattet ist – dieses ökonomische Kapital kann z. B. auf dem Gebiet der Kultur angelegt werden, wo es durch den Kauf von Bildern, die Gründung von Stiftungen, die Finanzierung so genannter gemeinnütziger Werke usf. in symbolisches Kapital umgewandelt werden kann. Auf der anderen Seite hat man ein Kapital kulturellen Typs, das man empirisch an Diplomen festmachen kann, am Besitz von Gütern der *haute culture*, wie den Bildern, und an Praktiken, die ebenso sehr kulturelle Adelstitel bilden" (Bourdieu 1991:73). Dabei ist das symbolische Kapital die Form, die verschiedene Kapitalarten, einmal als legitim anerkannt und wahrgenommen, annehmen, und korreliert sehr stark mit dem sozialen Kapital, welches aus auf Beziehungen und Gruppenzugehörigkeiten basierenden Ressourcen besteht (vgl. Bourdieu 1997:107). Soziale Felder funktionieren nicht ohne Habitus, ohne sozial prädisponierte Akteure, die in das ,Spiel', d. h. das Gesamtkonstrukt, investieren und sich wie verantwortliche Akteure verhalten. Der Habitus ist aber selbst das Produkt der Relation mit den jeweiligen sozialen Feldern. Diese ontologische Komplizenschaft führt dazu, dass der Habitus ein sich selbst generierendes Phänomen ist, welches weder einen eigenen Anfang noch ein eigenes Ende aufweist, sondern mit der Existenz eines personalen Systems - Bourdieu nennt dies „sozialen Akteur" anfängt und an dem Punkt endet, an dem dieses nicht mehr existent ist.

Die Verteilung der personalen Systeme im multi-dimensionalen Raum erfolgt nun in der „ersten Dimension entsprechend dem Gesamtvolumen ihres Kapitals, in der zweiten Dimension entsprechend der Zusammensetzung ihres Kapitals, d. h. entsprechend dem relativen Gewicht der verschiedenen Kapitalarten, speziell des ökonomischen und des kulturellen Kapitals, innerhalb ihres Gesamtkapitals, und in der dritten Dimension entsprechend der Entwicklung des Volumens und der Zusammensetzung ihres Kapitals in der Zeit, d. h. ihrer Laufbahn im sozialen Raum" (Bourdieu 1989:28). „Nähe im sozialen Raum begünstigt persönliche Annäherung: Stecke ich einen beliebig kleinen Sektor meines Raumes ab, werden die darin versammelten Leute viele Eigenschaften gemeinsam haben" (Bourdieu 1989:28) und sie haben „alle Aussichten auf den gleichen Habitus, zumindest insoweit, als die Laufbahnen, die sie in diese Positionen geführt haben, einander ähnlich sind" (Bourdieu 1997:109). Hier ist nicht die Sprache von gleicher Identität, aber Lebenswandel und Lebenseinstellung sind sich sehr ähnlich. Dabei besteht allerdings kein mechanischer Zusammenhang zwischen personalem System und sozialem Feld, d. h. die Position bestimmt nicht definitiv die Eigenschaften der Person (Geschmack, Lebensstil etc.), sondern zeigt lediglich einen Rahmen an, in dem das System sich relativ frei entfalten kann, in dem seine „Reaktionen keineswegs immer vorhersehbar sind" (Bourdieu 1989:27). Verhaltensweisen und Denkstrukturen, die außerhalb dieses Rahmens liegen, sind diesem personalen System aber versperrt. Das freie Subjekt - wie es das idealistische Denken so mag - wird durch einen *automaton spirituale* ersetzt: einen gesellschaftlich konstruierten Geistesautomaten. Dieses Habitus-Konzept ähnelt

Konstrukten in Theorien, die mit Rollen anstelle von Identitäten arbeiten (vgl. Schimank 2002:23-29; Florio-Hansen & Hu 2003: ix), was die Vorteile mit sich bringt, dass unzählige ‚kleine' Einheiten an Rollen und damit „Anteile" an Identitäten abgebildet werden können und dass ein neuer kultureller Einfluss nicht mehr einen potentiellen Bruch darstellt, sondern lediglich eine Neupositionierung im multidimensionalen Raum hervorruft. Diese Umpositionierung kann bspw. dadurch hervorgerufen werden, dass das soziale Kapital verloren geht (z. B. durch Migration) und das symbolische Kapital im neuen Umfeld nicht die gleiche Bedeutung wie zuvor innehat. Allerdings können fehlende Brüche erklärt werden, da die Rolle z. B. des sozialen Kapitals weiterhin vorhanden bleibt (z. B. Kontakt in die Heimat) oder ökonomisches und kulturelles Kapital mitgenommen werden.

Schließlich definiert sich Habitus daraus, wie andere personale Systeme die eigene Person wahrnehmen und somit die Existenz des Kapitals legitimieren, sowie daraus, wie das ‚Selbst' die Wahrnehmung der anderen Systeme wahrnimmt. Es ist eine Mischung aus Fremd- und Eigenwahrnehmung. Dieser Punkt befindet sich ganz nah an der Identität. „Die Ich-Identität [eines personalen Systems – d. h. das Selbstbild –] steuert das Handeln, und die Reaktionen anderer darauf bestätigen oder modifizieren, sobald sie einen gewissen Toleranzbereich überschreiten und eine Neubalancierung des Steuerungssystems verlangen, die Ich-Identität" (Schimank 2002:21; vgl. auch Djité 2004:9). Man weiß eben nicht einfach, wer man ist, sondern erfährt es allein durch die Wahrnehmung der Wahrnehmungen anderer. Ohne Interaktion ist die Ausbildung und Aufrechterhaltung einer Identität über einen längeren Zeitraum damit nicht möglich. Das Selbstbild bedarf kontinuierlich sozialer Bestätigung. Fällt diese anders als erwartet aus, wird dementsprechend die Zusammensetzung der Kapitalarten verändert, soweit dies aktiv möglich ist.

Das Selbstbild eines personalen Systems erweist sich dabei als stabilstes Konzept, welches möglichst lange aufrechterhalten wird, „selbst um den Preis von gezielten, wenn auch kaum als solchen eingestehbaren Fehlwahrnehmungen der Reaktionen der anderen auf das eigene Handeln" (Schimank 2002:21). Während kleiner Dissonanzen zwischen Eigen- und Fremdwahrnehmung so ignoriert werden können, adaptiert sich das Selbstbild des personalen Systems an größere Umweltveränderungen, wie einen neuen kulturellen Einfluss, problemlos. Es obliegt der Ich-Identität die sachliche Konsistenz und die zeitliche Kontinuität des Selbstbildes zu wahren und einen „Ausgleich zwischen widersprüchlichen und zwischen vergangenen, gegenwärtigen und zukünftigen handlungsrelevanten Motiven der Person [zu finden]. Jemand kann zwar unter Umständen, darf aber nicht ohne weiteres zwei einander widersprechenden Motiven zugleich folgen; ebenso wenig dürfen seine heutigen und morgigen Motive umstandslos denen von gestern widersprechen. Beides ist erklärungsbedürftig" (Schimank 2002:20), um sozial erwartbar zu bleiben. Erst wenn das soziale Umfeld sich so abrupt und widersprüchlich ändert, dass gegenüber anderen personalen Systemen keine Erklärung geboten werden kann, die eine Adaption des Selbstbildes an die neuen Gegebenheiten ermöglichen würde, käme es entweder zum Rückzug des Individuums weg von den anderen oder zum Bruch der Persönlichkeit. Erst dann könnte man im engeren Sinne von doppelter Identität sprechen, würde aber damit eher Symptome der *dementia praecox* beschreiben.

Nun fehlt aber bei dieser Identitätssuche noch ein wichtiger Punkt: Das Selbstbild des personalen Systems generiert sich aus der Interaktion im sozialen Raum, sowie im Einzelnen aus einer Abwägung von Eigenwahrnehmung sowie der Wahrnehmung der Reaktionen anderer auf die eigene Person. Es bleibt die Frage, wer das personale System ist, dass ein Eigenbild hat. Es ist die alte philosophische Frage, bei der die deutsche Sprache ein Ausschlussverfahren bereithält: Was bin ich? Ich bin nicht mein Körper - denn ich habe einen. Ich bin nicht mein Kopf - denn auch diesen besitze ich. Ich bin weder mein Geist noch meine Seele - denn auch diese sind mir eigen. Das gleiche gilt für alle anderen vorhandenen oder imaginären Körperteile auch. Hier setzt allerdings ein von Benjamin Libet vorbereitetes und von Wolf Singer modifiziertes Konzept an, dass trotz aller emotionalen Kritik bisher fachlich noch nicht widerlegt werden konnte und somit in wissenschaftlicher Tradition als zutreffend angesehen werden muss. Dieses Konzept geht einen Schritt tiefer in den Kortex und klärt, was den sozialen Akteur bewegt und der Eigenwahrnehmung sagt, ab wann sie nicht mehr zutrifft.

Hinsichtlich der Experimentdurchführung und Methodik Libets sei an dieser Stelle auf die zahlreiche Literatur verwiesen (vgl. Libet 2004:268-290; Roth 1997:307-310), denn wichtiger für den theoretischen Ansatz dieser vorliegenden Arbeit sind die Ergebnisse. Libet konnte in verschiedenen Serien nachweisen, dass der Willensentschluss einer Person, eine Handlung durchzuführen oder eine Aussage zu tätigen, nicht Ursache der Aktion ist, sondern vielmehr ein Begleitgefühl der Handlung. Libet folgerte daraus, dass die Antriebe unseres Handelns subcortical-unbewusst zustande kommen und dann infolge des Bereitschaftspotentials, d. h. der nun bewussten Bereitschaft, erst ins Bewusstsein gelangen. Allerdings ist es zu diesem Zeitpunkt selbstverständlich möglich, noch durch den corticalen Willen die Ausführung der Handlung zu verhindern, d. h. dies ist kein theoretischer Ansatz, der den Menschen allein zu einer Marionette seines Unterbewusstseins macht. Wichtig ist dabei aber, dass die Person das Gefühl hat, die Entscheidung, eine Handlung auszuführen oder zu unterbinden, gewollt hat. Der Anstoß zu unseren Handlungen kommt aber aus dem limbischen Bewertungs- und Gedächtnissystem, welches die Basalkerne und das Kleinhirn aktiviert, die wiederum die corticalen Prozesse in Gang setzen. Erst jetzt kommt das Gefühl des Willens ins Spiel. Dieses Gefühl, bzw. das Bewusstsein dahinter, etwas zu wollen, setzt erst 300 bis 1000 Millisekunden später ein, als das auslösende subcorticale Moment, wobei aber gegenüber dem Bewusstsein, also dem Selbst, diese Verarbeitungszeiten „ausgeblendet" werden (vgl. Rot 1997:327). Damit ist klar, dass der Willensakt - also das Gefühl, eine Handlung intendiert zu haben - den neuronalen Prozessen folgt und ihnen nicht vorausgeht. Die bewussten corticalen Handlungsprozesse - wie z. B. im präfrontalen Kortex - „können aber durchaus die subcortialen Prozesse beeinflussen. Allerdings führen derartige bewusste Planungen keineswegs automatisch zu Handlungen. Wir können uns nämlich bewusst etwas stark vornehmen, ohne dass eine entsprechende Handlung folgt. Der unmittelbare Anstoß, etwas zu tun, kommt nicht von diesem bewussten Vorsatz, sondern aus den „Abgründen des limbischen

Systems. Unsere bewussten Planungen gehen also nur als eine von vielen Determinanten in unserer Handlungssteuerung ein, und oft sind sie keineswegs entscheidend" (Roth 1997:10; vgl. auch Singer 2004:52-53). Was so gerne als autonomes menschliches Handeln bezeichnet wird, ist somit nicht im subjektiven Willensakt begründet, sondern in dem Charakteristikum des Gehirns, von sich alleine aus Handlungen zu veranlassen. „Das Gehirn oder besser: der ganze Mensch ist also das autonome System, nicht das empfindende Ich" (Roth 1997:10). Dies mag auf den ersten Blick dem seit Descartes postulierten freien Willen widersprechen, jedoch besteht dieser aus einem Einklang dominierender Denkprozesse mit motivationalen Belohnungsmustern. Wenn ein Ziel als sehr lustvoll erscheint und dem Menschen damit eine Belohnung bietet (gleich ob bspw. stoische oder epikureische Ziele im Mittelpunkt stehen) wird der gar nicht mehr so frei, willensstarke Mensch dorthin getrieben. Untersuchungen von Handlungs- und Sozialpsychologen gehen in ähnliche Richtungen und es konnte gezeigt werden, dass die Überzeugung einer Person, sie habe eine bestimmte Handlung frei und willentlich ausgeführt, nicht den Tatsachen entspricht. Der Erklärungs- und Legitimationszwang, dem jeder Mensch hinsichtlich seines Handelns von Kindheit an unterliegt, bedingt, dass wir immer versuchen, möglichst plausibel unsere Handlungsweisen zu erklären, wobei diese Erklärungen nicht unbedingt mit den tatsächlichen Motiven und Ursachen in Einklang stehen müssen. „Menschen schreiben sich nicht selten aufrichtige Handlungen zu, die sie so oder überhaupt nicht begangen haben, während sie ebenso aufrichtig Handlungen leugnen, die sie nachweisbar gemacht haben" (Roth 2004219-220). Es ist ein Charakteristikum der Legitimation, im Nachhinein Motive zu erfinden und als Grundlagen der Entscheidung zu postulieren (vgl. Singer 2003:56). Oder wie Carl Clausberg und Cornelius Weller es provokant formulieren: „Der ‚radikale Konstruktivismus' des Bewusstseins ist tot. Es lebe der Konstruktivismus des Unbewussten. Was immer dem ‚Ich' an spontanen Entscheidungen einfallen mag, es ist auf neuronaler Ebene immer schon längst Millisekunden zuvor beschlossene Sache gewesen" (Clausberg & Weller 2004:245).

Eng hiermit in Verbindung steht die Frage nach der Wahrnehmung, denn auf den hierdurch gewonnenen Informationen unter Berücksichtigung gespeicherter Erfahrungen werden nicht nur subcortical-unbewusst die Entscheidungen gefällt, sondern wie bereits oben geschildert, ist sie in Form der Dichotomie von Fremd- und Eigenwahrnehmung der wichtigste Faktor bei der Ausbildung von Identität. Grundsätzlich haben wir, im Sinne des subjektiv empfundenen ‚Selbst' – keine Möglichkeit unserer Umgebung ohne die mediativen Elemente der Sinnesorgane und des Gehirns wahrzunehmen. Dies klingt banal, bedeutet aber, dass wir nur erkennen können, was wir beobachten bzw. durch andere Sinne wahrnehmen, denkend ordnend und uns vorstellen können. Was für unser kognitives System unfassbar ist, existiert für uns einfach nicht, denn wir erleben nicht die direkten ‚Daten', sondern deren aufbereitete Versionen. Dabei gehen in die Rezeption auch ‚Daten' ein, die nicht dem aktuellen Sinneseindruck entstammen, sondern aus der phylogenetischen und ontogenetischen Vorgeschichte des Individuums entstammen. „Die Grenzen des Wissbaren werden demnach durch die Beschränkungen der kognitiven Fähigkeiten des Gehirns gezogen" (Singer 2004:30; vgl. auch Cruse 2004:223; Roth 1997:330). Dabei ist es erstaunlich, dass unser Gehirn, obgleich die Sinnessysteme nur diskontinuierliche Ausschnitte aus dem „physiko-chemischen Kontinuum der Welt" (Singer 2004:31) auffangen, ein kohärentes Weltbild erstellt. Dabei wird Fehlendes ergänzt und über Ungereimtheiten ‚hinweggesehen', um ein schlüssiges Gesamtbild zu erhalten. „Unsere Sinnessysteme sind zwar hervorragend angepasst, um aus wenigen Daten sehr schnell die verhaltensrelevanten Bedingungen zu erfassen, aber sie legen dabei keinen Wert auf Vollständigkeit und Objektivität. Sie bilden nicht getreu ab, sondern bedienen sich dabei des im Gehirn gespeicherten Vorwissens" (Singer 2004:31). Die Realität und damit alles, was einen als Menschen ausmacht – Erleben, Wahrnehmen, Vorstellen, Erinnern etc. – ist eine ‚Erfindung' des Gehirns.[29] Und da unbewusste Motive *per definitionem* nicht

[29] 1862 ging Ewald Hering sogar weiter und ging davon aus, dass auch unser Körper respektive Leib ein Vorstellungsbild ist, das laufend aus dem

wahrgenommen werden können, ergibt sich kein erfahrbarer Widerspruch sowohl zwischen der grundsätzlichen Bedingtheit unserer Entscheidungen und unserem Eindruck, wir träfen sie frei, als auch zwischen dem Konstrukt, was unser Gehirn generiert, und unserem Bewusstsein. Aber alles, dessen Handlungsursache uns verborgen, rechnen wir uns als Agens zu und wir erscheinen einen freien Willen zu haben und irgendwo ‚hinter' unserem Geist und Leib[30] zu stehen. Allerdings werden unser Selbst und unser freier Wille von uns als Realität erlebt und wir handeln und urteilen dementsprechend. Selbst und freier Wille, bzw. die Erfahrung (also das Konstrukt) solche zu haben, sind damit etwas Reales, nachdem Menschen handeln.

Allerdings bedeutet dies in unserem Fall, dass die Frage, ob Mehrsprachigkeit zu einer pluriellen Identität führen kann, unzulässig ist, denn wenn das Selbst ein Konstrukt des Gehirns ist – zugegebenermaßen aufgrund der individuellen Erfahrungen und Sinneseindrücke

---

Gedächtnis vervollständigt wird, wenn wir beispielsweise eine Hand hinter den Rücken halten (nach Clauberg & Weller 2004:247). Es gibt keinen Beweis für uns selber, dass diese dann noch existent ist, da eigene Körperteile nicht explizit erfühlbar sind (Schmerz etc. können gefühlt werden, aber nicht die ‚Anwesenheit' des Leibes). Selbst wenn ich meine Hand auf dem Tisch liegen sehe, kann ich nicht aufgrund des Anblicks wissen, dass es sich um meine Hand handelt, sondern nur dadurch, dass sie sich entsprechend der von mir intendierten Weise bewegt und die Rückmeldungen aus der Somatosensorik verarbeitet werden. Ohne diese Rückmeldung sähe sie wie ein „angenähter fremder Körperteil" aus (vgl. Roth 1997:317-318).

30 Der altertümlich wirkende Begriff des Leibes ist absichtlich gewählt, da hier teilweise Analogien zu der Neuen Phänomenologie nach Herrmann Schmitz latent auftauchen. Schmitz verwendet Körper in der rein physikalischen Bedeutung, Im Gegensatz zu einem Körper mit fest definierten Grenzen, besitzt der Leib die Eigenschaft fließende Übergänge zu haben. Dies mag esoterisch klingen, lässt sich aber durch ein einfaches Beispiel verdeutlichen: beim Eugenie-Effekt (z. B. der wechselseitigen ‚Einleibung' von Pferd und Reiter, bzw. Kraftfahrzeug und Fahrer) scheinen die gefühlten Grenzen zu verschwimmen. Sprachlich hört man dann Äußerungen wie „sich eins mit dem Pferd fühlen".

ein für jede Person einzigartiges Konstrukt – ist es nicht Identität, nicht das Agens unserer Handlungen. Wir betrachten Gehirn und Leib als eine Art Besitz, werden aber in Form unseres Selbst von diesen konstruiert. Vom Leib als Grenze und Brücke zu unserer Umwelt, welche dem Gehirn die notwendigen Daten vermitteln, um uns als Konstrukte, als eine Art Projektion, zu generieren. Da das Gehirn aber hinsichtlich dieser Projektion dazu neigt, Motive zu erfinden, Brüche zu glätten, wird es dem betreffenden Menschen wohl nie auffallen werden. Das Handeln und damit die Fremdwahrnehmung anderer personaler Systeme könnten sich ändern, was wiederum dazu führt, dass unser Gehirn diese Veränderungen wahrnimmt und mit in die Projektion einfließen lässt. Aber es würde dem Selbst nie bewusst werden, dass es gerade seine Identität wechselt. Es würde sich lediglich einer Rolle – z. B. der Erwartungshaltung der Umgebung – anpassen. Im Falle eines wechselnden sprachlichen Umfeldes würde das bedeuten, dass aufgrund eines Stimulus, der einer bestimmten Sprache zugeordnet werden kann, für das Konstrukt ‚Selbst' die passenden mentalen Strukturen aktiviert werden, auf dass dieses den Erwartungen seiner Umwelt gemäß handeln kann. Es könnte also sein, dass eine Person, welche mehrere Sprachen beinahe gleich gut beherrscht, aber immer nur in der gleichen sprachlichen oder kulturellen Umgebung gelebt hat, immer, d. h. gleich welcher Sprache, auf eine gleiche Art und Weise assoziieren wird. Erst wenn die Erfahrungen eines anderen kulturellen Umfeldes hinzukommen und das Gehirn damit die Information besitzt, welche Assoziationen oder Reaktionen auf bestimmte Situationen oder Wörter von der Umgebung erwartet werden, dann ‚lädt' sich auch das andere ‚Datenpaket' mit Informationen wie z. B. zu den einzelnen Konzepten.

Wortassoziationstest bei Mehrsprachigen Japanisch-Deutsch

Den bisherigen Ausführungen zum mentalen Lexikon bei Mehrsprachigen sowie den für linguistische Studien eher selten beschrittenen Weg der Definierung von Identität folgend, steht im Hintergrund dieses Experimentes eine modifizierte Version der Sapir-Whorf-Hypothese. Modifiziert insofern, als dass nicht mehr ‚Kultur' als Einflussnehmende Größe hinter den mentalen Strukturen ruht, sondern das duale System personaler und sozialer Systeme, erweitert um die Bourdieusche Positionierung im sozialen Raum sowie der Erkenntnisse aus den Untersuchungen Libets. In einem solchen sich gegenseitig beeinflussenden System ist die persönliche ‚Weltsicht' eines Individuums von den strukturellen Mustern, in denen seine kognitiven Möglichkeiten verlaufen, und von den es umgebenden Diskurs beeinflusst. Daher ist anzunehmen, dass mit Veränderungen in dem das personale System umgebenden, sozialen Feld sich auch die Diskurse ändern und, ähnlich einer kleinen Sozialisation, Veränderungen in den Denkstrukturen auftreten. Die Eigenschaft langjähriger Prozesse zu Wandlungen in der Eigen- und der Fremdwahrnehmung eines personalen Systems zu führen und damit Veränderungen in der Identitätswahrnehmung einzuleiten, steht außer Frage – genauso wenig wie das Moment, dass verschiedene Sprache unterschiedliche mentale Strukturen bedingen und demzufolge in mehrsprachigen Gehirnen tendenziell unterschiedliche kognitive Muster existieren könnten (vgl. Pavlenko 2005:435-436). Dabei haben zu jedem Zeitpunkt alle vorhandenen Sprachsysteme einen latenten Einfluss auf die mentalen Muster im Gehirn eines Mehrsprachigen. Es bleibt aber zu untersuchen, ob die Erhöhung des momentanen Einflusses einer bestimmten Sprache – z. B. in dem man die mehrsprachige Person gezielt einem bestimmten sprachlichen Umfeld aussetzt – ausreicht, dass zu dieser Sprache gehörende mentale Muster so weit zu aktivieren, dass eine nach außen erkennbare Veränderung in den Denk- und Verhaltensmustern der Person auftritt. Dafür müsste das geförderte Muster für einen kurzen Zeitraum in seinem Einfluss gegenüber den anderen Sprachstrukturen überwiegen.

Bezüglich Experimente, welche die Angemessenheit der Sapir-Whorf-Hypothese oder ähnlicher Konzepte, verifizieren sollten, sind in Deutschland m. E. in den vergangenen Jahren keine mehrsprachigen Probanden, die auf einem sehr hohen Niveau sowohl Deutsch als auch Japanisch beherrschen, herangezogen worden. Dagegen finden an japanischen Universitäten im Vergleich häufiger Untersuchungen der Verknüpfung von Sprache, mentaler Struktur und Kollokationen in Bezug auf deutsche und japanische Sprecher beider Sprachen statt. Hervorzuheben wären dabei die Arbeiten von Miyake Kyōko an der Universität Nagoya sowie der vom National Institute for Japanese Language geförderte Sonderforschungsbereich an der Universität von Hokkaidō unter Akaishi Mina.[31] Hier würde sich in Zukunft ein näherer Vergleich der Einzelergebnisse mit denen von Miyake empfehlen, die allerdings in ihren Veröffentlichungen weniger unterschiedliche Assoziationen angibt, sondern die Prozentzahl der gleichen Reaktionen in den unterschiedlichen Sprachen (vgl. o. J. b).

Testmethoden

Während Als zugrunde liegende Methode ist der Wortassoziationstest herangezogen worden. Der Proband wird aufgefordert, auf jedes einzelne Wort (Reizwort bzw. Stimulus) anfangend mit dem ersten Wort, welches in sein Bewusstsein gelangt, zu antworten. Mit jeder weiteren Reaktion, d. h. jedem weiteren angegebenen Begriff seitens des Probanden, wächst die Wahrscheinlichkeit, dass es sich dabei weniger um eine Assoziation auf das ursprüngliche Reizwort handelt, sondern um eine „Koaktivation". Hierunter wird „eine Aktivation von Elementen des semantisch-lexikalischen Gedächtnisses aufgrund

[31] Einen Überblick über die Förderungen findet sich in NIJL 2006:7.

der Aktivation anderer Elemente dieses Bereichs [verstanden], d. h. die gedächtnisinterne Aktivation aufgrund latenter Assoziationen. Diese Koaktivation kann, aber muss sich nicht in entsprechenden Assoziationsantworten niederschlagen" (Dorn 1998:3). Hinter dem eigentlichen Reproduktionsprozess infolge eines Stimulus wurden bereits von C. G. Jung zwei Phasen gesehen, die sich darin unterscheiden, ob die Reaktion bereist die Bewusstseinsebene erreicht hat: Zu Beginn werden durch den Reizwert in einer ‚analytischen Phase' bestimmte Bilder, Vorstellungen, Einstellungen und Gefühle bzw. Zustandsempfindungen wachgerufen. Dies verläuft weitgehend unbewusst. In der daran anschließenden ‚synthetischen' Phase kristallisiert sich durch Selektionsmechanismen, welche sich nie in Testsituationen ausschalten lassen, aus der Fülle der aufsteigenden Bilder und Vorstellungen eine Ein-Wort-Reaktion heraus. Dabei erhält analog den Folgerungen des Kapitels zu *Mehrsprachigkeit und Identität* erst während dieser Phase das Bewusstsein Kenntnis darüber, welches Wort auf den Testbogen notiert werden soll. Diese, verglichen mit anderen Ansätzen, eher noch rudimentär ausgearbeitete Konzeption kann um einige Unterpunkte ausgeweitet werden, wie z. B. die lexikalische Zugriffsthese von Estelle Ann Doctor und Denise Klein (1992:240; leicht erweitert) zeigt, welche acht Schritte unterscheidet: 1) Der gebotene Stimulus wird einer visuellen Analyse unterzogen, um (2) parallel in orthographischen Speicherungen sprachspezifischer mentaler Lexika nach einer Übereinstimmung zu suchen. Gleichzeitig mit der Durchsuchung orthographischer Einträge erfolgt (3) die parallele Suche im so genannten „Graphem-Phonem-Übersetzer" bzw. analog der Verschriftlichung japanischer Sprache über Morpheme, was allerdings der Ansatz von Doctor und Klein nicht berücksichtigte. Daher kann ihr Punkt 4 auch nicht auf alle Sprachen zutreffen, wenn sie feststellen, dass – unter der Voraussetzung der Stimulus ist in keinem Eintrag gefunden worden – eine sprachenunabhängige phonologische Repräsentation des Reizwortes aufgebaut wird und damit die sprachspezifischen Lexika erneut durchsucht würden. Dies ist allerdings z. B. im Japanischen nicht möglich, da ohne Erkennung des orthographischen Eintrags, d. h. des Morphems, eine phonologische Entsprechung zumeist nur geraten werden kann. Anhaltspunkte hierbei wären Teilbereiche (z. B. Radikale) der einzelnen Zeichen. In Schritt 5 würde aufgrund des phonologischen Konzepts eine orthographische Umschrift erstellt werden, wobei eine Anpassung an sprachindividuelle orthographische Regeln erfolgt. Somit könnte dann (6) auf einen Eintrag im sprachspezifischen mentalen Lexikon zugegriffen und ein Output generiert werden, welcher noch im Selbstmonitoring einer letzten Verifikation (7) und einem Vergleich zwischen den Einträgen des sprachspezifischen Input- und Output-Lexikons unterzogen wird. Nach erfolgreicher Verifikation kommt es dann (8) zur Äußerung. Ist dem nicht so, durchläuft der Stimulus erneut die Untersuchung. Kommt es am Ende zu keiner Übereinstimmung zwischen dem Stimulus und den Einträgen des mentalen Lexikons und kann somit keine Zuordnung erfolgen, würde ein Proband vermutlich in einer solchen Situation mitteilen, dass er das spezifische Wort nicht kenne, sich aber vorstelle, dass es mit Begriff XY aus Sprache ZZ zusammenhänge.

Probanden

Grundvoraussetzung für die Teilnahme an diesem Wortassoziationsexperiment war die Mehrsprachigkeit Japanisch und Deutsch. Gerade hier sah sich der Test allerdings einer ziemlich hohen Hürde gegenüber, da sich herausstellte, dass trotz äußerst positiver Resonanz seitens deutscher japanologischer Netzwerke und internationaler japanischer Schulen in Deutschland (hervorgehoben seien Frankfurt und München) aus diesen Lagern keine Handvoll Probanden sich zur Verfügung stellten.[32] Somit wurde der anfängliche Ansatz, lediglich

[32] Der Test ist auch im Internet eingestellt gewesen, bzw. Interessierten auf Anfrage als Powerpoint-Präsentation (zur Konstanthaltung der Bearbeitungszeit) zugeschickt worden. Die Resonanz war allerdings beinahe gleich null und in einer Antwort hat ein Proband lediglich die Stimuli einer Sprache beantwortet, „da das andere ja nur Übersetzungen seien" (sinngemäßes Zitat).

Probanden heranzuziehen, die von Kindheit an in einem zweisprachigen japanisch-deutschen Umfeld aufgewachsen sind, fallen gelassen (letztendlich fand sich ein Proband) und auf langjährige Sprecher beider Sprachen erweitert. Da es im Vorfeld nicht möglich war, selber die Sprachkenntnisse der einzelnen Teilnehmer zu prüfen, wurden international anerkannte Normen wie der *Japanese Language Profiency Test* (Stufe 1 und 2) oder äquivalente Kenntnisse als Voraussetzung der Teilnahme zugrunde gelegt. Letztendlich kamen so elf Probanden zusammen. Sechs davon gaben als Erstsprache Japanisch an, fünf Deutsch. Von den Teilnehmern waren drei männlich und acht weiblich, das Alter lag zwischen 21 und 43 Jahren. Alle leben in einem deutschsprachigen Umfeld.

Durchführung der Testreihe

Der Wortassoziationstest ist an mehreren Tagen sowohl in Einzelexperimenten als auch in kleineren Gruppen durchgeführt worden, abhängig davon, wann die einzelnen Probanden Zeit fanden. Zwei Testbögen sind in Form der Emailversion beantwortet worden. Als Version des Experiments wurde der kontinuierliche, freie Wortassoziationstest gewählt und in schriftliche Form vollzogen, da diese eine größere Neutralität und unpersönlichere Atmosphäre bot, als dies eine mündliche Testdurchführung könnte. In der mündlichen Variante hätte die Gefahr bestanden, dass die Probanden nicht nur auf die Stimuli-Wörter reagieren, sondern auch auf die den Test durchführende Person als solches. Die Anonymität, welche die Kleingruppen bot, reduzierte darüber hinaus noch die Tendenz der Probanden, ihre Antworten zu editieren (vgl. Szalay 1978:24). Getestet wurden 40 Begriffe aus beiden Sprachen, was bedeutet, dass die Probanden auf 80 Stimuli zu reagieren hatten. Die Begriffe waren dabei aus verschiedenen Bereichen des Alltags: Farben (z. B. ‚grün', ‚schwarz'), Instrumente (‚Musikinstrumente'), alltägliche Gegenstände (z. B. ‚Tisch', ‚Tür', ‚Waschmaschine'), emotionale (z. B. ‚Heimat'), kulturspezifische

(z. B. ‚Kirschblüte') sowie umstrittene Wörter (z. B. ‚Kriegsende', ‚Yasukuni-Schrein'). Auf sprachspezifische Metaphern wurde dabei verzichtet und auf die Hohe Kontextabhängigkeit japanischer Begriffe geachtet (zur Problematik vgl. Kramsch 1998:20; Nisbet 2003:157; oder zur Auswahl Taylor 1990:355). Außerdem wurde darauf geachtet, dass jeder Begriff so weit wie möglich von seinem Äquivalent entfernt wieder auftauchte. Für jeden einzelnen Begriff standen 10 Sekunden zur Verfügung, wobei die Aufgabe bestand, mindestens eine Assoziation anzugeben - was sich in der Realität mehrmals als schwierig erwies.

Zusammenfassung der Ergebnisse

Die Auswertung wurde erschwert, da unterschiedliche Assoziationen je nach Sprache des Reizwortes auf individueller Ebene getestet werden sollten. Damit war eine gruppenbezogene Auswertung, welche Allgemeinplätze wie ‚im Japanischen wird Begriff X mit Y assoziiert, im Deutschen mit Z' nicht zuließ. In der Betrachtung der individuellen Ergebnisse war es am augenscheinlichsten, dass das Niveau auf dem beide Sprachen beherrscht werden, sehr stark die Antworten beeinflusst und selbst Probanden, welche über das Lernen der Sprache im deutschen Umfeld hinaus ein oder mehrere Jahre im japanischsprachigen Umfeld gelebt haben, die Angewohnheit zeigen, das Reizwort zuerst in die eigene Erstsprache zu übersetzen und davon ausgehend zu assoziieren. Insbesondere Probanden 2 und 3 (siehe Anhang) folgten so dem in der Literatur bekannten Assoziationsverhalten, die Aktivation über Reize in ihrer dominanten Sprache laufen zu lassen (vgl. Votaw 1992:316). Im übertragenen Sinne fiel damit auf, dass die meisten freiwilligen Probanden ihre Sprachkenntnisse weit überschätzten, was sich darin niederschlägt, dass Reizwörter, welche nicht dem normalen Sprachunterricht sowie den Alltagsgesprächen entnommen sind, weitgehend nicht beantwortet werden konnten. Eines dieser Begriffe war ‚*furusato*' – übersetzt mit ‚Heimat' -, welches einfach unbekannt war und dementsprechend keine Assoziationen hervorrief.

Die deutlichsten Ergebnisse, Reizwörter je nach gebotener Sprache unterschiedlich zu assoziieren, zeigte Probandin 1, welche als einzige seit ihrer Kindheit parallel in beiden Sprachwelten aufwuchs. Auffallende Beispiele sind die Assoziationen auf ‚Tür' - assoziiert mit den japanischen Begriffen für ‚Tür', ‚öffnen' und ‚Holz' – und ‚*doa*' (‚knallen', ‚laut' und ‚Holz') – sowie ‚Kopf' und ‚*atama*' Während ‚Kopf' u. a. mit ‚Haaren' assoziiert wurde, gehen die Reaktionen bei ‚*atama*' ausnahmslos in die geistige Richtung. Das deutsche ‚fürchten' wird zwar grundsätzlich japanisch assoziiert, behandelt aber inhaltlich den Aspekt des ‚Allein-Seins', wobei ‚*kowareru*' eindeutig Tendenzen des japanischen Umfeldes zeigt, wo die Angst vor ‚*yurei*' (Geistern) als eine Art Grundangst weit verbreitet ist. ‚Kultur' assoziierte sie mit Ländern wie ‚England' und ‚Amerika', während erst ‚*bunka*' die Kultur Japans und Deutschlands mit einbezieht. ‚Alt' zog als Reaktion den japanischen Begriff für Großmutter (‚*obaa-san*') nach sich, während ‚*furui*' den Probanden an ‚Häuser' und ‚kaputt' erinnerte.

Ein durchaus interessanter Aspekt zeigt sich bei Proband 3 in der Assoziation auf ‚Frau', die mit einem typisch japanischen Thermalbad in Verbindung gebracht wird, während ‚*onna*' an ‚Hochzeit' zu erinnern scheint. Proband 2 assoziiert auf ‚schwarz' das japanische Wort für ‚weiß' (‚*shiro*'), aber erst bei ‚*kuro*' fällt ein, dass es sich dabei um die Lieblingsfarbe handelt – und dass bei jemanden mit Erstsprache Deutsch. Meines Erachtens ist dies eindeutig eine unterschiedliche Assoziation, welche durch die Sprache des Stimulus hervorgerufen wurde.

Proband 5 assoziierte ‚grün' mit ‚Wiese', aber ‚*midori*' mit ‚Hoffnung' – einer Metapher (‚Grün ist die Hoffung'), welche das Japanische nicht kennt. Für Proband 4 versinnbildlicht ‚Wasser' ‚Mineralwasser', während ‚*mizu*' eher an einen ‚Fluss' und den Aggregatszustand ‚heiß' erinnert. Eine ähnliche Assoziation zeigt auch Proband 7, nur hängt hier ‚Wasser' mit ‚Becher' zusammen. Für Proband 5 ist eine ‚Frau' ‚*onna*', ‚laut' und ‚temperamentvoll' (hier stellt sich die Frage, ob nachfolgende Assoziationen sich auf das Reizwort oder die nachfolgende Übersetzung beziehen), während ‚*onna*' für ‚Frau', ‚sprechen' und ‚Liebe' steht. Proband 6 sieht in ‚Frau' ‚schwanger' und in ‚*onna*' ‚Mädchen' – welches im Deutschen ursprünglich eine Frau bezeichnete, welche noch keine Frau ist, da traditionell hier unterschieden wurde, ob die Person bereits (Ehe-) Frau bzw. Gefährtin war. Während Proband 6 ‚Mond' mit ‚*tsuki*' sowie einem ‚rund[en]', ‚hell[en]' Objekt assoziiert, kommt bei ‚*tsuki*' eher ein düstereres Bild zutage (‚rund', ‚Wolf', ‚Wolke'). Proband 4 assoziiert ‚Kriegsende' mit dem Ende des 2. Weltkriegs, ‚*shūsen*' aber mit den Moderationen der Fußballweltmeisterschaft in Japan und Korea, als dieser Begriff häufig für bestimmte Spiele verwendet worden ist. Auch ist ‚Streit' bei ihm etwas, das mit ‚Streik' zusammenhängt, während Partner bei ‚*kenka*' die ‚Frau' ist. ‚Kirchblüte' assoziiert dieser Proband durchgehend mit Begriffen des japanischen Umfeldes (‚*hanami*', ‚*sake*', ‚Japan'), was eventuell damit zusammenhängt, dass als erste Assoziation die japanische Übersetzung ‚*sakura*' einfiel. Dies wurde dann mit ‚Kirschen' assoziiert, obgleich japanische Kirschbäume keine Früchte tragen. ‚Yasukuni' steht bei ihm für ‚Tod', ‚Schrein' und ‚Tempel' – also den Begriffen, um was es sich bei einem Schrein zu Ehren gefallener Soldaten handelt –, demgegenüber kommt die Kriegsverbrecherproblematik erst in Verbindung mit ‚*Yasukuni-jinja*'. Proband 6 assoziiert ‚Farbe' mit ‚bunt' – was eigentlich eine schwarz-weiße Musterung bezeichnet (z. B. die Elster als ‚bunter Vogel' oder das ‚Buntvieh' bei Kühen) – ‚*iro*' allerdings mit verschiedenen von ihm aufgezählten Farben. Während ‚Salz' mit ‚Pfeffer' und ‚essen' zusammenhängt, scheint er sich bei ‚*shio*' unterschwellig an den salzigen Geschmack von ‚Algen' erinnert zu haben. Insofern interessant, dass er das Meer nicht explizit erwähnt, es sich aber auch bei anderen Probanden zeigt, dass der japanische Begriff eher mit dem Ozean assoziiert wird, während der das deutsche ‚Salz' Gewürzeigenschaften hat. Proband 5 denkt bei ‚Flugzeug' direkt an einen bestimmten Typen (‚A380'), bei ‚*hikōki*' allerdings an ‚Essen'. Für Probanden 5 zeichnen sich ‚Waschmaschinen' dadurch aus, dass sie sich ‚drehen', japanische ‚*sentaku-ki*' aber durch ihre geringe Größe (‚zu klein'). ‚Temperament' ist für ihn ‚nervig', ‚*kishitsu*' aber ‚angenehm'. Für Proband 7 ist das auffälligste am ‚Kopf' die ‚Haare', während ‚*atama*' eher ‚Dickschädel' (*ishi-atama*) beinhaltet. ‚Mond' wird mit dem japanischen Begriff für ‚Krater' (*‚kraataa'*) assoziiert, *‚tsuki'* aber mit ‚Abend' (*‚yoru'*) und dem Märchen um Prinzessin Kaguya-hime[33]. Bei ‚Finger' ist es die ‚Hand' (*‚te'*) und die Anzahl der Finger (*‚5-bon'*) die wichtig sind, bei *‚yubi'* ist es aber eher die Gefahr, sich zu ‚schneiden' (*‚kiru'*). Proband 9 ‚fürchtet' sich für ‚Monstern' und ‚Autounfällen', aber bei *‚ozoreru'* vielmehr vor dem Stand der ‚Professoren'. Sowohl Proband 5 als auch 6 und 7 beziehen ‚Nadel' auf handwerkliche Arbeiten, *‚hari'* aber auf einen ärztlichen Kontext. Für Proband 10 ist es ein ‚Wasserfall' (*‚taki'*), der mit ‚Wasser' assoziiert wird, bei *‚mizu'* aber der ‚Himmel' (*‚zora'*). Proband 11 denkt bei ‚Frau' an ‚Mann' (*‚otoko'*), bei *‚onna'* aber an Mädchen. Hier ist das ‚Meer' ‚salzig' und ‚groß', aber im *‚umi'* lässt sich ‚schwimmen' (*‚suiei'*). Bei ‚Nadel[n]' denken Proband 10 und 11 an einen ‚Baum', bei *‚hari'* variiert aber die Assoziation in ‚ärztliche Behandlung' und ‚Geschenk'. Die ‚Waschmaschine' hat für Proband 10 mit ‚Arbeit' zu tun, *‚sentaku-ki'* wird aber direkt mit einem Hersteller assoziiert (*‚Hitachi'*). ‚Heimat' wird hier auf die ‚Mutter' (*‚haha'*) bezogen, *‚furusato'* aber auf ein typisches japanisches Gericht mit ländlichem Charakter (‚Aal'; *‚unagi'*).

Diese kurze Auswahl aus den Ergebnissen konnte zeigen, dass grundsätzlich davon ausgegangen werden kann, dass mehrsprachige Probanden ein leicht variierendes Antwortverhalten zeigen, wenn ihnen ähnliche Begriffe in verschiedenen Sprachen vorgegeben werden und sie hierauf Assoziationen finden sollen. Der Einfluss der Sprache bzw. deren kulturellen Einfluss lässt sich herauslesen, auch wenn in Einzelfällen die Reaktionen eher in das sprachliche Umfeld des äquivalenten[34] Begriffs gepasst hätten. Vermutlich liegt dies

---

[33] Das im 10. Jahrhundert verfasste *Taketori Monogatari* enthält auch die Geschichte der Prinzessin Kaguya, welche von ihren Zieheltern als Baby mit goldfarbenem Haar in einem Bambussprössling gefunden wurde und eine Inkarnation der Mondgöttin *Tsuki-no-miyako* darstellte. Die Geschichte stammt vermutlich ursprünglich aus Tibet.

[34] Ich verwende diesen Begriff, auch wenn klar sein sollte, dass es im eigentlichen Sinne keine äquivalenten Begriffe gibt, sonder sich auch solche, bei

daran, dass unabhängig vom Sprachniveau in einzelnen Fällen die gegeben Begriffe erst intern übersetzt und dann assoziiert werden – dies liegt natürlich auch daran, dass von Beginn an die Probanden wussten, was getestet wird: ihr Assoziationsverhalten bei unterschiedlichen Begriffen variierend nach der verwendeten Sprache. Dies hat sicherlich Einfluss genommen auf das Antwortverhalten, insbesondere da viele Probanden im Vorfeld äußerten, sie könnten sich nicht vorstellen, unterschiedlich zu assoziieren. Sicherlich wäre es förderlicher gewesen, die Probanden über den eigentlichen Zweck der Untersuchung im Unklaren zu lassen, was allerdings in moralischer Hinsicht fragwürdig gewesen wäre.

Sollte es zu einer Wiederholung des Tests kommen, wäre es ratsam, diesen über einen längeren Zeitraum, d. h. mit mindestens einer Wiederholung, durchzuführen, um die Stabilität der einzelnen Assoziationen überprüfen zu können. Eine solche Überprüfung wäre auch möglich, indem im Anschluss an das Experiment die Wörterliste nochmals verlesen wird und die Probanden die Aufgabe bekommen, möglichst mit den gleichen Begriffen wie zuvor zu antworten (vgl. Merten 1990:15). Außerdem wäre es eine Idee wert, die Antwortzeit auf 60 Sekunden zu erhöhen, was zwar nicht mehr zu den ersten Assoziationen, die ins Bewusstsein gelangen, führen würde, aber zu individuellen Überlegungen, was ein bestimmter Begriff für eine einzelne Person bedeutet. Dann müsste allerdings sichergestellt werden, dass beide Sprachen zu verschiedenen, am besten mehrere Monate auseinander liegenden Zeitpunkten getestet werden, um zu verhindern, dass die Probanden für ihre Assoziationen nicht die Reizwörter plus deren Übersetzungen heranziehen. Auch wäre es ratsam, die Auswahl der Reizwörter auf Grundlage der Liste des Kent-Rosanoff-Tests von 1910 vorzunehmen, da viele international durchgeführte Experimente sich auf diese Wörter beziehen und so ein Ver-

---

denen dies vermutet wird, in ihren Konzepten unterscheiden können. Dabei ist die Wahrscheinlichkeit bei Bilingualen, welche zwei eng miteinander verwandte Sprachen beherrschen, größer, dass es sich wirklich um Äquivalente handelt, als bei Sprechern zweier eher weniger verwandter Sprachen (vgl. Taylor 1990:358).

gleich leichter gemacht werden würde. Die Übersetzung der Reizwörter in die jeweils andere Sprache sollte mit größter Vorsicht erfolgen und auch bei der Auswahl der Probanden wäre es wichtig auf eine möglichst homogene Gruppe zu achten. Da Sprachen wie Japanisch und Deutsch in unterschiedlichen Bereichen des Gehirns abgelegt werden, könnte es neben sprachlichen Aspekten (Sprachlevel, ausgeglichene Bilinguale etc.) auch wichtig sein (vgl. hierzu Palij & Aaronson 1992:64-65), Sorge zu tragen, dass die Probanden auch in anderer Hinsicht übereinstimmen (z.B. Rechts- oder Linkshänder). Zu wünschen, aber absolut illusorisch, wäre dabei ein Experimentumfang, der den kulturvergleichenden Untersuchungen von Hofstäde (1980) nahekäme und 116.000 in 20 Sprachen übersetzte Fragebögen umfassen würde (vgl. Helfrich 2003:445).

Von Test und Theorie

Die Einzelbetrachtung der individuellen Assoziationen bei Mehrsprachigen Japanisch-Deutsch ergab, dass in mehreren Punkten zwar gleich oder ähnlich assoziiert worden ist, dies aber eventuell auch darauf zurückgeführt werden kann, dass die erste Assoziation das jeweilige Übersetzungsäquivalent gewesen ist. Außerdem zeigte sich ein erhöhter Anteil an Übereinstimmungen bei Probanden, welche im Gegensatz zu dem anfangs von ihnen vermittelten Eindruck noch immer von einer Sprache in die andere übersetzen und nicht unbedingt direkt vom Konzept auf die betreffende Sprache zurückgreifen. Bei Personen mit mehr oder weniger gleichem Sprachniveau bzw. bei der vermutlich einzigen Bilingualen im Sinne des linguistischen Definitionsansatzes (Proband 1) zeigten sich an den häufigsten Variationen in den Assoziationen auf die gebotenen Stimuli-Wörter. Aber sie war nicht die einzige Teilnehmerin, bei der dies festgestellt werden konnte, so dass - unter Berücksichtigung der geringen Anzahl der Teilnehmer - wohl gesagt werden, dass unterschiedliche sprachabhängige Kollokationen vorkommen, aber stark von den einzelnen

Sprachniveaus abhängen. Da alle Probanden mindestens einige zehn Jahre im deutschsprachigen Umfeld gelebt haben, bzw. diesem entstammen, stellt sich sowieso die Frage, ob nicht alle Kollokationen bereits dem deutschen Umfeld mehr oder weniger angepasst sind. Beispielsweise spricht Proband 1 in ihrem Elternhaus Japanisch und ansonsten Deutsch - da allerdings sich das Elternhaus selber auch in Deutschland befindet, ist sie in beiden Sprachräumen dem deutschen Umfeld ausgesetzt. Daher wäre es für eine Neuauflage des Experiments nötig - neben den Hinweisen des letzten Kapitels - eine Probandenauswahl zu bekommen, welche zu gleichen Teilen in Japan und in Deutschland lebt. Eventuell wäre es möglich auf die strikte Definition „Japanisch-Deutsch" zu verzichten und auch Probanden zu nehmen, die dem japanisch-englischen Umfeld entstammen. Allerdings würde dies die Problematik bei der Übersetzung der Stimuli-Wörter und der Reaktionen verstärken, da dann mindestens drei Sprachräume berücksichtigt werden müssten. Es dürfte schwierig sein, für jeden Begriff ein Äquivalent zu finden, welches nicht bereits eine gewisse Antwort präferiert. Beispielsweise hätte man den japanischen Begriff ‚*uso*' anstatt mit ‚Lüge' auch mit ‚Unwahrheit' oder ‚Flunkerei' übersetzen können, was sicherlich zu anderen Antworten geführt hätte. Schließlich fehlt dem japanischen Begriff die Strenge und die Ablehnung, welche in der Intension des deutschen Begriffs ‚Lüge' steckt. ‚*Uso*' kann eben auch eine neckende Flunkerei sein.

Hinsichtlich der Frage, ob ein mehrsprachiges Umfeld verschiedene nach Sprache variierende Konzepte und Assoziationen wachruft, welche ein Ausmaß annehmen könnten, was einen Beobachter von ‚doppelter Identität' sprechen ließ, denke ich, dass diese Begriffe nicht in einem theoretischen Konzept miteinander in Verbindung gebracht werden. Schließlich ist es wie im Kapitel über *Mehrsprachigkeit und Identität* dargelegt eine der Charakteristika des Gehirns, Übergänge fließend erscheinen zu lassen und Motive für Handlungen notfalls zu erfinden. Daher dürfte es dem betreffenden Individuum gar nicht auffallen, wenn sich sein Verhalten soweit ändert, dass sein Umfeld von einem Identitätsbruch sprechen würde. Erst wenn er von seinen ‚Identitätsschwankungen' mittels der Reaktionen des sozialen Umfeldes erfährt, könnte es ihm bewusst werden, falls nicht unterbewusst eine Erklärung der Projektion Bewusstsein zugeführt wird. Selbst wenn eine Person ein Verhalten an den Tag legen würde, welches nicht mehr zuließe, als Beobachter von der gleichen Person zu sprechen, wird der betroffene Mensch sein Verhalten zu erklären wissen und diesen Erklärungen insoweit selber folgen, dass man aus der Eigenperspektive niemals von Identitätsbruch sprechen kann. Das Konzept, was sein Gehirn ihm - wie uns allen anderen auch - vorstellt, wird immer kohärent sein. Erst wenn dieses Konzept bricht bzw. zwei Konzepte nebeneinander anfangen zu existieren, hätte der Beobachter zwei Identitäten vor sich – aber dann befände sich bereits im Gebiet der Schizophrenie.

Daher erachte ich es für vorteilhafter davon zu sprechen, dass verschiedene Spracheinflüsse mit dem jeweiligen Diskurs, welcher zusammen damit tradiert wird, einen unterschiedlichen Einfluss auf eine Person als personales System in einem sozialen Umfeld haben. Dies kann ein langfristiger Prozess sein, der das Individuum sich ändern lässt – z. B. durch Migration – als auch ein kurzfristiger, wenn plötzlich das sprachliche Umfeld sich ändert. Solange allerdings die Sprache noch als reines Kommunikationsmittel verwendet wird, d. h. im Stil des Online-Übersetzungsprogramms *Babelfish*, wird ein mehrsprachiger Mensch weitgehend Übersetzungsäquivalente verwenden und damit ähnliche Assoziationen unabhängig der verwendeten Sprache zeigen. Erst im Zuge einer direkten Verschaltung der Sprache mit der ‚Konzept-Datenbank', welche um Elemente der neuen Sprache modifiziert wurde, treten unterschiedliche Kollokationen auf, was eventuell auch damit zusammenhängen könnte, dass das Gehirn in seiner Bewusstseinsprojektion versucht, der Umgebung angepasstes Verhalten und Denkmuster zu zeigen. Denn letztendlich bekommt es und damit wir so unser Feedback, ob wir als Person mit stabiler Identität wahrgenommen werden. Auf dieser Stabilität und dem damit zusammenhängenden Nebeneffekt, dass wir einschätzbare Momente im sozialen Raum sind, welche sich nicht wahllos verhalten, basiert unser gesamtes soziales Umfeld. Dies bedeutet, dass die Stabilität der Identität um alles in der Welt – und zwar unserer eigenen geschaffenen Realität – vom Gehirn aufrecht gehalten wird. Erst wenn hier ein Bruch entsteht und der noch entlang der Sprachbarriere auftreten würde – vergleichbar einem Schizophrenen, dessen Krankheit auch Sprachwechsel verursacht – hätten wir die ‚doppelte Identität' der Literatur vorliegen. Bis zu diesem Punkt sind es aber eher Rollenwechsel bzw. Rollenmodifikationen, die innerhalb des uns möglichen Rahmens stattfinden. Dabei bleibt es unserer Umgebung nachvollziehbar, wie es zu diesen Neupositionierungen im sozialen Feld kam. Aber ‚doppelte Identität' klingt nun einmal spannender als Rollenwechsel und wird daher wohl weiter in der Literatur erhalten bleiben.

Anhang

Wortassoziationsexperiment: Reihenfolge der Stimuli-Wörter

Während des Tests waren selbstverständlich weder die deutsche Übersetzung der japanischen Begriffe noch deren Lateinumschrift an-gegeben, allerdings fand sich zum besseren Verständnis bei allen mit *Kanji* (sino-japanischen Schriftzeichen) geschriebenen Begriffen die entsprechenden *Furigana* (Umschrift im japanischen Silbenalphabet *Hiragana*).

1. Kopf
2. grün
3. 水 [*mizu*; Wasser]
4. singen
5. ドア [*doa*; Tür]
6. Tod
7. 女 [*onna*; Frau]
8. 月 [*tsuki*; Mond]
9. Kuss
10. 花 [*hana*; Blume]
11. Finger
12. 恐れる [*ozoreru*; fürchten]
13. Meer
14. 終戦 [*shūsen*; Kriegsende]
15. Werkzeug
16. 喧嘩 [*kenka*; Streit]
17. Nadel
18. 桜 [*sakura*; Kirschblüte]
19. Yasukuni
20. 色 [*iro*; Farbe]
21. Dorf
22. 塩 [*shio*; Salz]
23. Sonne
24. 楽器 [*gakki*; Musikinstrument]
25. Kultur
26. 黒 [*kuro*; schwarz]
27. Berg
28. 英雄 [*eiyū*; Held]
29. Flugzeug
30. weiß
31. 洗濯機 [*sentaku-ki*; Waschmaschine]
32. Heimat
33. 嘘 [*uso*; Lüge]
34. Tisch

35. Temperament
36. 寝る [*neru*; schlafen]
37. traurig sein
38. 秋 [*aki*; Herbst]
39. 古い [*furui*; alt]
40. Ungerechtigkeit
41. 頭 [*atama*; Kopf]
42. みどり [*midori*; grün]
43. Wasser
44. 歌う [*utau*; singen]
45. Tür
46. 死亡 [*shibō*; Tod]
47. Frau
48. Mond
49. キッス [*kissu*; Kuss]
50. Blume
51. 指 [*yubi*; Finger]
52. fürchten
53. 海 [*umi*; Meer]
54. Kriegsende
55. 道具 [*dōgu*; Werkzeug]
56. Streit
57. 針 [*hari*; Nadel]
58. Kirschblüte
59. 靖国信者 [*Yasukuni-jinja*; Yasukuni-Schrein]
60. Farbe
61. 村 [*mura*; Dorf]
62. Salz
63. 日 [*hi*; Sonne/Tag]
64. Musikinstrument
65. 文化 [*bunka*; Kultur]
66. schwarz
67. 山[*yama*; Berg]
68. Held
69. 飛行機[*hikōki*; Flugzeug]
70. 白[*shiro*; weiß]
71. Waschmaschine
72. ふるさと[*furusato*; Heimat]
73. Lüge
74. テーブル[*teeburu*; Tisch]
75. 気質[*kishitsu*, Temperament]
76. schlafen
77. 悲しい [*kanashii*; traurig sein]
78. Herbst
79. alt
80. 不正 [*fusei*; Ungerechtigkeit]

Wortassoziationsexperiment: Ergebnisse sortiert nach Probanden

In den eckigen Klammern stehen vom Autor gewählte deutsche Übersetzungen japanischer Begriffe.

	Proband 1	**Proband 2**	**Proband 3**
	Erstsprache: J Alter: 22 Geschlecht: w	Erstsprache: D Alter: 21 Geschlecht: w	Erstsprache: D Alter: 21 Geschlecht: w
Kopf	あたま [Kopf] Haare denken	face hair	Denken
頭 [*atama*]	わるい [schlecht] ばくはつ[35] [Explosion] Kopf	Gesicht	Denken Intelligenz
grün	みどり Gras Blätter	Ampel	Gras Ampel
みどり [*midori*]	Grün Apfel はっぱ [Laub]	信号 [Ampel]	Gras
Wasser	水 [Wasser] Trinken Flasche Meer	schön kalt おいしい [lecker]	Duschen Schwimmen
水 [*mizu*]	trinken Flasche kalt	kalt おいしい [lecker]	Duschen
singen	うた [Lied]	Popstars	Chor

[35] ‚Atama ga warui' (der Kopf ist schlecht) und ‚bakuhatsu' (i. S. von „mir platzt der Schädel") sind feststehende Redewendungen des Japanischen.

	Lieder Spaß	singen	Theater Weihnachten
歌う [*utau*]	うた [Lied] たのしい [freudig] おんぷ [Note] Akkord	Popstars 歌手 [Sänger]	Chor
Tür	ドア [Tür] あける [öffnen] 木 [Holz]	öffnen close	-
ドア [*doa*]	knallen laut Holz のぶ [Knauf]	kommen Nach Hause kommen	-
Tod	shinu [sterben] Kreuz Oma	死ぬ [sterben]	Erdbeerkuchen
死亡 [*shibō*]	しぬ [sterben] かなしい [schmerzerfüllt]	死ぬ [sterben]	Trauer schwarz
Frau	女 [Frau] ママ [Mama] ich lange Haare	schön female	Onsen [Thermalbad]
女 [*onna*]	私 [ich] lange Haare	きれい [schön] weiblich	Hochzeit
Mond	月 [Mond] 星 [Stern] Abend	Hell strahlend 空 [Himmel]	Nacht Sonne
月 [*tsuki*]	Abend きれい [schön] ほし [Stern]	hell schön	Nacht Sterne
Kuss	schön	toll	Liebe

	rot		
キッス [*kissu*]	Kuss	boyfriend schön	Paar Abschied
Blume	花 [Blume] bunt 春 [Frühling] すき [Herbst]	blühen schön	Vase Besuch
花 [*hana*]	Blumen bunt	きれい [schön] blühen	Vase Garten Wiese
Finger	ゆび [Finger] ゆびわ [Ring] Hand	zeigen Ring	Yakuza[36] Hand
指 [*yubi*]	Finger Ring Tee	zeigen Ring	Yakuza Ring
fürchten	こわい [Angst] さみしい [einsam] ひとり [allein]	Horror nicht so super	-
恐れる [*ozoreru*]	こわい [Angst] ゆうれい [Geist] Abend	-	-
Meer	weit Urlaub Palmen	groß	Strand Costa Rica
海 [*umi*]	Meer Fische Palmen Urlaub	ひろい [weit]	schwimmen sonnen

[36] *Yakuza* ist die Selbst- und Fremdbezeichnung japanischer krimineller Vereinigungen – die offizielle Bezeichnung ist seit einigen Jahren *‚boryoku-dan'* (Gewaltgruppen).

Kriegsende	Tod こわい [Angst]	Super!	-
終戦 [*shūsen*]	Krieg こわい [Angst]	gut	-
Werkzeug	Hammer schwer	benutzen tool arbeiten	Keller
道具 [*dōgu*]	Werkzeug Hammer Messer	arbeiten Hammer	-
Streit	けんか [Streit] おとうと [jüngere Bruder] おかあさん [Mutter]	nicht so spitze	Geschwister
喧嘩 [*kenka*]	おとうと [jüngere Bruder] おかあさん [Mutter]	-	Kleiner Bruder
Nadel	Faden いたい [Aua! / schmerzen] nähen	チクチク [stechend schmerzend] Aua!	nähen Spritze
針 [*hari*]	いたい [Aua! / schmerzen] はり [Nadel]	チクチク [stechend schmerzend]	nähen stricken
Kirschblüte	春 [Frühling] ピック	blühen	hanami[37] [Blütenschau]

[37] *Hanami* hat in Japan Volkssportcharakter, wenn zur Kirschblütenzeit Anfang März bis Mitte April überall im Land Betriebs- und private Ausflüge stattfinden, um sich unter einem Kirschbaum zu einem Picknick zu treffen. Alkohol ist dabei ein wichtiger Bestandteil. Zeitgleich berichten die

	[Picknick] 木 [Baum] 日本 [Japan]		Frühling
桜 [*sakura*]	ぴんく [rosa] きれい [schön] 木 [Baum]	Blühen springtime	Hanami [Blütenschau]
Yasukuni[38]	Schrein Religion N.N.	Schrein	Schrein Shintō[39]
靖国信者 [*Yasukuni-jinja*]	神社 [Schrein] 日本 [Japan]	Schrein Krieg	-
Farbe	色 [Farbe] bunt	blau 白 [weiß]	rot streichen
色 [*iro*]	bunt Farbkasten Aki [Herbst]	blau 白 [weiß]	blau Grammatik
Dorf	Häuser Vechta Stadt	klein Land	Kuh
村 [*mura*]	町 [kleine	klein	klein

Nachrichten täglich, wo am kommenden Tag mit den ersten Blüten zu rechnen ist.

38 Shintō-Schrein in Tōkyō, in dem seit Anfang der Meiji-Zeit (1868-1912) für den japanischen Staat gefallene Soldaten verehrt werden. Der Schrein geriet in Kritik, als Ende der 1970er Jahre neben den mehreren Millionen „normalen" Kriegsgefallenen auch elf verurteilte Kriegsverbrecher aufgenommen worden sind und nachdem seit Mitte der 1980er Jahre alljährlich Mitglieder der japanischen Regierung an den Feierlichkeiten Mitte August teilnehmen.

39 Der Begriff des *Shintō* ist mit der Einführung des Buddhismus im 6. Jahrhundert in Japan etabliert worden, um den bereits zuvor im Land vorhandenen Volksglauben mit seinen unterschiedlichen religiösen Ausprägungen begrifflich von der neuen Religion abgrenzen zu können. Selbstverständlich hat auch der *Shintō* als Überbegriff dieser Religion(en) im Laufe der Jahrhunderte inhaltliche Wandlungen erfahren.

	Stadt] Vechta 家 [Haus/ Familie]	Land wenig junge Leute	
Salz	しよ [Salz] ich Shiho[40]	-	kochen Suppe
塩 [*shio*]	ich Essen koshō [Pfeffer]	salzig	Essen
Sonne	あつい [heiß] Sommer	hell gelb sky	Strand
日 [*hi*]	Sonne Tag Abend	lange schlafen	hell warm
Musikinstrument	Akkordeon 音楽 [Musik]	melodisch schön	Geige Posaune
楽器 [*gakki*]	Akkordeon Ongaku [Musik]	spielen ギーター [Gitarre]	Posaune Orchester
Kultur	Japan England Amerika	interessant	Religion
文化 [*bunka*]	Kultur 日本文化 [Japanische Kultur] ドイツ [Deutschland]	interessant	Nihon bunkaron[41]
schwarz	くろ	白い [weiß]	feierlich

[40] Der Name der Probandin ist beinahe homophon zu dem japanischen Wort für ‚Salz'.

[41] *Nihon bunka-ron* bezeichnen die seit den 1980er Jahren immer wieder öffentlich diskutierten Theorien zur japanischen Kultur.

	[schwarz] Haare nachts		Trauer
黒 [*kuro*]	Haare くらい [dunkel] nachts	すごい [umwerfend] Lieblingsfarbe	Tod Beerdigung
Berg	Marburg Japan Bäume	山 [Berg] groß	Wandern Schottland
山[*yama*]	Berge Marburg 高い [hoch]	groß	Bergsteigen Fuji
Held	強い [stark] すごい [umwerfend] ヒーロー [*hero*]	Superkräfte	Film
英雄 [*eiyū*]	ひーろー [*hero*]	-	-
Flugzeug	Japan weiß 大きい [groß]	空 [Himmel]	Reisen Absturz
飛行機 [*hikōki*]	キーソ [-] Flugzeug 高い [hoch]	空 [Himmel] fliegen	Reisen
weiß	Blatt Wolken はた [Taube]	schwarz	Taufe
白[*shiro*]	weiß Haare おばあちゃん (Oma/ alte Frau)	schwarz	Arzt
Waschmaschine	せんたっき [Waschmaschine] waschen	Wäsche laut rumpeln	sauber

	Wasser		
洗濯機 [*sentakuki*]	Waschmaschi ne Keller ママ [Mama]	Wäsche	Keller Waschmittel
Heimat	Familie Vechta	Eltern Hannover Iceland	Eltern
ふるさと [*furusato*]	家 [Haus / Familie] Vechta ドイツ [Deutschland]	Eltern Hannover	Wohlfühlen
Lüge	うそ [Lüge] おこられる [sauer werden] だめ [unmöglich]	nicht fair	Wahrheit Streit
嘘 [*uso*]	うそつき [Lügner] よくない [nicht gut] けんか [Streit] おこられる [sauer werden]	-	-
Tisch	Teeburu [Tisch]	Blumenvase	Computer
テーブル [*teeburu*]	イス [Stuhl] 木 [Holz] かたい [hart]	Blumenvase	Essen
Temperament	lau おもしろい [interessant]	wild stürmisch	Geschwister
気質[*kishitsu*]	Temperament ある [‚ist vorhanden']	-	-

schlafen	ねる [schlafen] すき [mögen]	lange bed	Bett müde
寝る [*neru*]	ねたい [möchte schlafen] Bett きもちいい [ein gutes Gefühl]	Bett laaaange	müde Uni
traurig sein	N.N. durcheinande r	weinen	Tod
悲しい [*kanashii*]	いや [zuwider] さみしい [einsam] ひとり [allein]	weinen Abschied	Verlust
Herbst	あき [Herbst] 色 [Farbe] はっぱ [Laub]	Blätter	Laub Nikkō[42]
秋 [*aki*]	さむい [kalt] はっぱ [Laub] bunt	Blätter Halloween	Wind kalt Laub
alt	おばあちゃん [Oma/ alte Frau] 毛 [Fell]	neu	Großeltern
古い [*furui*]	Alt Häuser kaputt	新しい [neu]	Tempel Kirche
Ungerechtigk eit	Unfair Trennung	gemein	Streit
不正 [*fusei*]	ちがう [‚so	-	Jura

Der japanische Ort Nikkō ist berühmt für seine ihn umgebenden Wälder in der Herbstzeit.

	nicht′]		N.N.
	Proband 4	**Proband 5**	**Proband 6**
	Erstsprache: D Alter: 29 Geschlecht: m	Erstsprache: D Alter: 27 Geschlecht: m	Erstsprache: D Alter: 28 Geschlecht: w
Kopf	あたま [Kopf] ぼうし [Hut]	Mütze	rund Haar
頭 [*atama*]	Kopf Haare ぼうず [Glatze]	Haare	Gesicht Haare
grün	みどり [grün] Gras Baum	Gras	Wiese 7
みどり [*midori*]	grün Blätter Wald	Hoffnung	grün
Wasser	Mineralwasse r mizu [Wasser]	naß	Becher
水 [*mizu*]	かわ [Fluss] heiß Wasser	Wasser	Wasserfläche Fluss
singen	うた [Lied] きょく [Lied] Lied	Sänger	Ton lalala
歌う [*utau*]	Lied きょく [Lied] singen	Lied Sänger	N.N.
Tür	ドア [Tür] door öffnen klopfen	Fenster	-
ドア[*doa*]	Tür Knauf	Griff	Klinke Rahmen

	Klingel		
Tod	死 [Tod] sterben Gram	Sarg	Totenkopf
死亡 [*shibō*]	Tod Verbleichen Grab	Sarg	Friedhof Toter
Frau	女 [Frau] laut temperament voll	schwanger	ich
女 [*onna*]	Frau sprechen Liebe	Mädchen	Figur weiblich
Mond	月 [Mond] hell gelb Käse	Sonne	月 [Mond] rund hell
月 [*tsuki*]	Mond gelb Planet	Januar	rund Wolf Wolke
Kuss	ちゅう [Knutsch]	Lippen	Lippen
キッス [*kissu*]	Lust Kuss Liebhaber Liebe	Lippen	küssen Mund
Blume	はな [Blume] Blüte	-	schön Garten
花 [*hana*]	Nase[43] Blume Blüte	Blume	Vase Rose rot
Finger	ゆび [Finger] Kuppe	Hand	Hand zeigen
指 [*yubi*]	Finger	Ring	Ring

43 ‚Nase' und ‚Blume' sind im Japanischen homophon.

	Kuppe zeigen		Hand
fürchten	Angst Nacht Furcht	Angst	Spinne
恐れる [*ozoreru*]	Fürchten Angst Nacht	-	-
Meer	うみ [Meer] Krabbe 海 [Meer]	Fische	Möwe Welle Boot
海 [*umi*]	weit Salz Wasser	Salz	Meer Wasser Salz Baden
Kriegsende	WW II 1945 Jippie!	1945	tot 1945
終戦 [*shūsen*]	Entscheidung WM	fertig	Krieg
Werkzeug	ツール [*tool*] Hammer どうぐ [Werkzeug]	tool	Hammer Zange
道具 [*dōgu*]	Werkzeug ツール [*tool*] gebrauchen	tool	Werkzeugkist e
Streit	けんか [Streit] Streik Kampf	Kampf	Feinde Freunde
喧嘩 [*kenka*]	Streit Frau laut	Streit	Feind Freund
Nadel	nadeln nähen	Faden	nähen pieksen
針 [*hari*]	Nadel needle	Faden	-

	nähen Rock		
Kirschblüte	さくら [Kirschblüte] はなみ [*Hanami*] sake [Alkohol] Japan	Hanami	Mai Blütenblätter fallen
桜 [*sakura*]	Kirschen Blüte Sommer	Hanami	Hanami Schnaps
Yasukuni	Tod Schrein Tempel Krieg	Schrein Kirschblüten	Tote Koizumi[44]
靖国信者 [*Yasukuni-jinja*]	Krieg Kriegverbrech er	Koizumi	Schrein Schreinbesuch
Farbe	gelb rot blau grün braun	bunt	bunt
色 [*iro*]	Farbe gelb blau	bunt	bunt rot gelb blau
Dorf	むら [Dorf] Einwohner	Stadt	Menschen klein
村 [*mura*]	Dorf Einwohner Hütte	Dorf	Kumi [Gruppe]
Salz	しよ [Salz] salzig	Pfeffer	Pfeffer würzen

[44] Japanischer Ministerpräsident, welcher 2006 wegen seines Besuchs am Yasukuni-Schrein in die Kritik der Presse geraten ist.

	Haut Schweiß		
塩 [*shio*]	Salz Essen Meer	Pfeffer	Algen
Sonne	たいよう [Sonne] hell weiß	Mond	Mond hell
日 [*hi*]	Tag Sonne 日本 [Japan]	Licht	Wochen Jahr heute
Musikinstru ment	Gitarre spielen	Gitarre	Flöte Unterricht
楽器 [*gakki*]	Musikinstrum ent	Gitarre	Flöte
Kultur	文化 [Kultur]	Essen	Hannes
化 [*bunka*]	Kultur Wissen alt	Schrift	Gesellschaft
schwarz	Tod Nacht	weiß	dunkel Kleidung
黒 [*kuro*]	schwarz Storch Tod	weiß	dunkel schwarz
Berg	山 [Berg] hoch Bergsteigen	Zwerg	Fuji-san hoch
山[*yama*]	Berg Fuji steigen	Berg Fuji	wandern klettern
Held	えいゆう [Held] berühmt Ehre	Held (ich)	-
英雄 [*eiyū*]	Held Ehre	-	-

	berühmt		
Flugzeug	ひこうき [Flugzeug] fliegen Japan Aura	A380	hoch Wolke Japan
飛行機 [*hikōki*]	Flugzeug ANA JAL Luft	Essen	fliegen Urlaub
weiß	hell Blüte Bettdecke いろ [Farbe]	Socken	hell
白[*shiro*]	weiß Hochzeit unbefleckt	weiß	hell Krankenhaus
Waschmaschi ne	sauber Rei aus der Tube	Drehen Drehung	Haushalt Wäsche
洗濯機 [*sentakuki*]	Waschmaschi ne waschen	zu klein	Wäsche Hausarbeit
Heimat	ふるさと [Heimat] 里 [Dorf]	Dorf	Magdeburg
ふるさと [*furusato*]	ふるさと [Heimat] 里 [Dorf]	Heimatdorf	-
Lüge	うそ [Lüge] Lügner unwahr	Problem	unwahr
嘘 [*uso*]	うそつき [Lügner] Lüge Wahrheit	Lüge	bösartig
Tisch	テーブル [Tisch]	Stuhl	Stuhl essen

	Essen		
テーブル *[teeburu]*	Tisch Essen Familie	Tischtennis	Tisch Stuhl
Temperament	aufbrausend	nervig	cholerisch
気質*[kishitsu]*	Klima Temperament	angenehm	-
schlafen	zzzzzzz pennen müde	essen	Bett ruhen
寝る *[neru]*	schlafen Bett müde すいみん [Schlaf]	schlafen	Ja!
traurig sein	かなしい [traurig sein] sad sadness	weinen	Träne
悲しい *[kanashii]*	traurig Träne	traurig	traurig weinen
Herbst	あき [Herbst] Blätter こうよう [Laubverfärbu ng]	Winter	Bunte Blätter Sturm
秋 *[aki]*	trübselig Herbst	Herbst	Sturm fallende Blätter
alt	古 [alt] Menschen	neu	Oma Opa
古い *[furui]*	alt neu gammelig	altes Haus	Buch antik
Ungerechtigk eit	ふびょうどう [Ungleichbeha ndlung]	Leben	Wut gemein

	unfein		
不正 [*fusei*]	nicht richtig mogeln	ungerecht	-
	Proband 7	**Proband 8**	**Proband 9**
	Erstsprache: J Alter: 30 Geschlecht: w	Erstsprache: J Alter: 35 Geschlecht: w	Erstsprache: J Alter: 39 Geschlecht: m
Kopf	髪 [Haar]	頭[Kopf] 上[oben]	Frisur Haare
頭 [*atama*]	石頭 [Dickschädel]	Kopf 上[oben]	Haare Frisur
grün	木 [Baum] 信号 [Ampel]	緑 [grün] 自然 [Natur] きらい [hassen]	Ampel Apfel
みどり [*midori*]	木 [Baum]	grün 白 [Weiß] きらい [hassen]	Ampel
Wasser	海 [Meer] 生命 [Leib & Leben]	水 [Wasser] Spiel wichtig	Durst Meer
水 [*mizu*]	青 [blau] 透明 [Klarheit]	Wasser 清い [klar] 自然 [Natur] おいしい [lecker]	海 [Meer] 川 [Fluss] のど [Kehle]
singen	オペラ [Oper] 歌手 [Sänger]	うたう [singen] 楽しい [erfreulich] fröhlich	からおけ [Karaoke]
歌う [*utau*]	歌 [Lied]	singen Fest Party Konzert	-
Tür	-	ドア [Tür]	Institut

		入り出口[Ein- & Ausgang]	Bahn
ドア[*doa*]	木 [Holz]	Tür 出口 [Ausgang] 境界 [Grenze]	どこでもドア [was auch immer für eine Tür]
Tod	死 [Tod] 天国 [Himmel]	死 [Tod] 黒 [schwarz]	おばあちゃん [Oma] Grab
死亡 [*shibō*]	事故 [Unglücksfall]	Tod 事故 [Unglücksfall]	Beerdigung
Frau	-	女 [Frau] Emma	meine Frau
女 [*onna*]	weiblich	Frau stark Kind	meine Frau Girl friend
Mond	クレーター [Krater]	月 [Mond]	Sonne weiß
月 [*tsuki*]	夜 [Abend] かぐや姫 [Kaguya- hime]	Mond もち [Vollmond] きつね [Fuchs]	Mond 丸 [rund]
Kuss	Liebe Gruß	キス [Kuss] Liebe Leica	Knutschen
キッス [*kissu*]	-	Kuss イタズラな [Unfug]	口付け [Kuss]
Blume	schön カラフル (farbenfroh)	花 [Blume] Strauß	かびん [Vase]
花 [*hana*]	きれい [schön] 赤い [rot]	Blumen 春 [Frühling]	かびん [Vase]
Finger	手 [Hand]	指 [Finger]	*unleserlich*

	5本 [5 Stück][45]	food	
指 [*yubi*]	切る [schneiden]	Finger 切る [schneiden]	指輪 [Ring]
fürchten	クモ！ [Spinne]	こわい [Angst]	Monster Autounfall
恐れる [*ozoreru*]	Spinne	fürchten こわいなあ [angstvoll, nicht?]	Monster Professor
Meer	塩水 [Salzwasser]	海 [Meer] 広い [weit] 大きい [groß] 青 [blau]	水 [Wasser] 温[Wärme] 船 [Schiff]
海 [*umi*]	青 [blau]	Meer 広い [weit] 大きい [groß] 九沿 [Endlosigkeit]	Salz Surfen
Kriegsende	-	終戦 [Kriegsende]	果 [wie erwartet]
終戦 [*shūsen*]	原爆 [Atombombe]	Kriegsende 負 [Niederlage]	2. Weltkrieg
Werkzeug	工場 [Fabrik]	道具 [Werkzeug] 仕事 [Arbeit]	Keller
道具 [*dōgu*]	裁ほう [Näharbeiten]	Werkzeug 利用 [Gebrauch]	Keller
Streit	-	けんか [Streit] gut	meine Frau

[45] Das hinter der Ziffer 5 stehende sino-japanische Zeichen ‚-bon' bezeichnet ein Zählsuffix für lange, schmale Gegenstände – in diesem Fall bezieht es sich wohl auf Finger.

喧嘩 [*kenka*]	兄弟 [Geschwister] 夫婦 [(Ehe-) paar]	Streit gesund	Amt Beamter プロレス [professionell es Wrestling]
Nadel	木 [Holz]	針 [Nadel] 痛い [schmerzen]	くつした [Socken] はり [Nadel]
針 [*hari*]	治療 [ärztliche Behandlung]	Akupunktur	krank
Kirschblüte	Kirsche 春 [Frühling]	桜 [Kirschblüte] pink	祭り [Fest] Party
桜 [*sakura*]	春 [Frühling] ピンク [rosa]	日本 [Japan] Kirschblüte 心 [Herz]	Party えんか [Volkslieder]
Yasukuni	戦争 [Krieg]	神社 [Schrein] 戦犯 [Kriegsverbre chen]	天皇 [Tennō] 戦争 [Krieg]
靖国信者 [*Yasukuni- jinja*]	小泉さん [Koizumi]	戦争 [Krieg]	Kriegsverbrec her Tod
Farbe	rot gelb	色 [Farbe] rot	blau rot
色 [*iro*]	赤 [rot] 青 [blau] 黄 [gelb]	Farbe	空の色 [die Farbe des Himmels]
Dorf	Sterzhausen	村 [Dorf] 月 [Mond]	いなか [ländliche Gegend] Schützenfest
村 [*mura*]	さびれたとこ ろ [‚gefallener Ort']	Dorf いなか [ländliche Gegend]	いなか [ländliche Gegend] Haus 田 [Feld]
Salz	塩からい	塩 [Salz]	Meer

	[salzig]	ドイツの食事 [deutsches Essen]	Essen
塩 [*shio*]	さとう [Zucker] 海 [Meer]	Salz 大事 [wichtig]	Meer
Sonne	月 [Mond] 地球 [Erde]	太陽 [Sonne (astr.)] Urlaub Strand	Mond heiß
日 [*hi*]	熱い [heiß]	Tag Sonne	月 [Mond] heiß Sonnenbrand
Musikinstru ment	Klavier spielen	楽器 [Musikinstru ment] Piano	ギター [Gitarre] ピアノ [Klavier]
楽器 [*gakki*]	ドラム [Trommel] ピアノ [Klavier]	Musik ピアノ [Klavier] ギター [Gitarre]	Gitarre
Kultur	国 [Land] 民族 [Volk]	文化 [Kultur] すばらしい [außergewöhn lich] eigen	*Unleserlich* 花 [Blumen]
文化 [*bunka*]	交流 [Austausch]	Kultur 9日 [9. Tag des Monats] けいもう [Aufklärung]	*Unleserlich*
schwarz	weiß dunkel	黒 [schwarz] 白 [weiß]	weiß 白 [weiß] Tod
黒 [*kuro*]	夜 [Abend] 髪 [Haar]	schwarz 礼[Etikette]	白 [Weiß] 色 [Farbe]
Berg	海 [Meer]	山 [Berg]	mein Name

	森 [Wald]	自然 [Natur] 登り [Bergsteigen]	木 [Baum]
山[*yama*]	谷 [Tal] 川 [Fluss]	Berg 野 [Feld] 自然 [Natur]	
Held	スーパーマン [Superman]	英雄　[Held] ヘーロー [*hero*]	ナポレオン [Napoleon] Vater
英雄 [*eiyū*]	スパイダーマ ン [Spiderman]	hero Zoro [Zorro]	ナポレオン [Napoleon]
Flugzeug	空 [Himmel] Airbus	飛行機 [Flugzeug] 空 [Himmel]	Absturz
飛行機 [*hikōki*]	飛ぶ [fliegen]	Flugzeug 空 [Himmel]	Absturz Jet
weiß	黒 [schwarz]	白 [weiß] 純 [Reinheit]	schwarz
白[*shiro*]	黒 [schwarz] Tシャツ [T- Shirt]	Weiß 純 [Reinheit] 黒 [Schwarz]	黒 [Schwarz] 青 [Blau]
Waschmaschi ne	Waschen	洗濯機 [Waschmaschi ne] きれい [sauber] 地下 [Keller]	Trockner Hose
洗濯機 [*sentakuki*]	ドラム式 [Trommeltyp]	Waschmaschi ne sauber	waschen Trockner
Heimat	山と海 [Berge und Meer] 街 [Straße]	祖国 [Vaterland] 桜 [Kirschblüte]	日本 [Japan] Niigata
ふるさと [*furusato*]	なつかしい [nostalgisch wehmütig	Heimat あたかい [warm]	田んぼ [Reisfelder] 川 [Fluss]

Lüge	Treu	うそつき [Lügner]	Geld
嘘 [*uso*]	-	Lüge まこと [Aufrichtigkeit]	本気 [Ernsthaftigkeit]
Tisch	Stuhl -tennis	机 [Schreibtisch] 勉強 [Lernen]	Schreibtisch Studieren
テーブル [*teeburu*]	いす [Stuhl]	Tisch きっさてん [Café]	Schreibtisch こたつ [Kotatsu][46]
Temperament	スペイン人 [Spanier]	温度 [Temperatur] -voll	deutsche Frauen Oma
気質[*kishitsu*]	-	Charakter	高売 [Beruf]
schlafen	Gut	寝る [schlafen] しずか [ruhig]	Bett
寝る [*neru*]	ベッド [Bett] 布団 [Bettzeug]	schlafen gut	ざこね [wie Heringe zusammen gepfercht schlafen] たたみ [Reisstrohmatte]
traurig sein	死 [Tod]	かなしい [traurig]	Tod
悲しい [*kanashii*]	うれしい [erfreulich] さびしい [einsam]	traurig sein	Tod Beerdigung
Herbst	Fest	秋 [Herbst]	Frühling

[46] Eine Art Fußwärmer (früher kleines Holzkohlebecken) unter einem niedrigen Tisch, über den eine Steppdecke gelegt ist.

		wild	Blätter
秋 [*aki*]	落葉 [Abwerfen des Laubes] 食欲 [Appetit]	Herbst 紅葉 [Herbstlaub]	葉 [Blatt] 紅葉 [Herbstlaub]
alt	jung neu	古い jung	jung Falten
古い [*furui*]	家 [Haus/ Familie]	alt 温い [lauwarm]	新しい [neu] 車 [Auto]
Ungerechtigkeit	-	不正 [Ungerechtigkeit] ずるい [durchtrieben]	Gerechtigkeit
不正 [*fusei*]	-	Ungerechtigkeit ずるい [durchtrieben]	Geldwäsche
	Proband 10	**Proband 11**	
	Erstsprache: J Alter: 39 Geschlecht: w	Erstsprache: J Alter: 43 Geschlecht: w	
Kopf	Fuß	klug Haare hartnäckig	
頭 [*atama*]	身体 [Körper]	かたい [hart] 良い [gut]	
grün	rot	Gras Rasen	
みどり [*midori*]	おばぁの名 [der Name der Tante]	木 [Baum] しんせん [Frische]	
Wasser	滝 [Wasserfall]	Fluss	
水 [*mizu*]	空 [Himmel]	Wasser kalt	

singen	trinken	Chor Lied	
歌う [*utau*]	喜び [erfreuen]	Lied 子歌 [Kinderlied]	
Tür	Eingang	あける [öffnen] しめる [schließen]	
ドア[*doa*]	Key	Gebäude öffnen	
Tod	Unfall	sterben	
死亡 [*shibō*]	事故 [Unglücksfall]		
Frau	Mann	男 [Mann]	
女 [*onna*]	Mädchen	hübsch	
Mond	Vollmond	天 [Himmel] 太陽 [Sonne]	
月 [*tsuki*]	秋 [Herbst]	Himmel	
Kuss	口 [Mund]	Liebe Gute Nacht	
キッス [*kissu*]	初恋 [erste Liebe]	-	
Blume	Vase	花びん [Vase]	
花 [*hana*]	団子 [Knödel]	Blume Schön	
Finger	Nagel	Hand Fuß	
指 [*yubi*]	折り紙 [Origami]	5本 [5 ‚Stück']	
fürchten	PCゲーン [PC Virus]	こわい [Angst]	
恐れる [*ozoreru*]	お化け [Geister]	Angst	
Meer	夕日 [Abendsonne]	salzig groß	
海 [*umi*]	沖縄	水泳	

	[Okinawa]	[schwimmen]	
Kriegsende	Frieden	15.08.[47]	
終戦 [*shūsen*]	Angst	8月15日 [15.08.]	
Werkzeug	ねじ回し [Schraubendr eher]	Hammer Schrauber	
道具 [*dōgu*]	大く [Zimmermann]	とんかち [Hammer] くま [Rechen] ねじ回し [Schraubendr eher]	
Streit	Nachbarn	Zwischen Mann und Frau	
喧嘩 [*kenka*]	うるさい [laut]	zanken Streit	
Nadel	Baum	Baum	
針 [*hari*]	治療 [ärztliche Behandlung]	きゅう [Geschenk]	
Kirschblüte	Stresemannall ee	花見 [Hanami] さくらんぼ [Kirschen]	
桜 [*sakura*]	卒業 [Abschluss]	花見 [Hanami] 団子 [Knödel] 上の [Ueno]	
Yasukuni	皇居 [kaiserliche Residenz]	戦争 [Krieg] 参拝 [Schreinbesuc h]	
靖国信者 [*Yasukuni-*	外交問題 [diplomatisch	小泉 [Koizumi]	

47 Am 15.08.1945 kapitulierte Japan und der 2. Weltkrieg endete.

jinja]	e Probleme]		
Farbe	tapezieren	[Buntstift]	
色 [*iro*]	-	rot blau gelb grün	
Dorf	-	klein friedlich Kühe	
村 [*mura*]	神社[Schrein]	荷車 [wenigstens Auto] 馬 [Pferd]	
Salz	Kochen	Pfeffer Eier	
塩 [*shio*]	地 [Boden]	Gewürz	
Sonne	風 [Wind]	warm heiter Sommer	
日 [*hi*]	うららか [heiter]	今日 [heute] 明日 [morgen] 一日 [einen Tag lang]	
Musikinstru ment	Piano	Geige Klavier Flöte	
楽器 [*gakki*]	Piano	Piano Geige	
Kultur	Arbeit	Musik Kunst	
文化 [*bunka*]	11月 [November][48]	高い [hoch]	
schwarz	dunkel	Weiß	

48 Im November liegt der ‚Tag der Kultur' (bunka no hi), ein landesweiter Feiertag, der zu Ehren des 1912 verstorbenen Meiji-Tennō umgewidmet wurde. Zuvor war es der kaiserliche Geburtstag.

黒 [*kuro*]	Schatten	葬式 [Trauerfeier]	
Berg	Paraglider	hoch grün	
山[*yama*]	Paraglider	のぼる [Bergsteigen]	
Held	ニーベルンゲン [Nibelungen]	-	
英雄 [*eiyū*]	Kinofilm	-	
Flugzeug	Narita-Airport	Lufthansa Frankfurt	
飛行機 [*hikōki*]	グライダー [Gleiter]	のる [einsteigen] 旅行 [Reise]	
weiß	Wein	schön rein	
白[*shiro*]	雪 [Schnee]	Yシャツ [Y-shirt] ツラウス [Strauß]	
Waschmaschine	Arbeit	Münze 60 Minuten	
洗濯機 [*sentakuki*]	日立 [Hitachi]	waschen	
Heimat	母 [Mama]	日本 [Japan]	
ふるさと [*furusato*]	うなぎ [Aal]	日本 [Japan]	
Lüge	Wahrheit	つく [anheften][49]	
嘘 [*uso*]		-	
Tisch	Küche	脚 [Bein] 台 [Platte]	
テーブル [*teeburu*]	いす [Stuhl]	丸い [rund] ご飯 [Essen]	

[49] Lüge wird im Japanischen mit dem Verb für ‚anheften' verwendet.

Temperament	heiß	温かさ [Wärme]	
気質[*kishitsu*]	まじめ [Seriosität]		
schlafen	Nacht	休む [ausruhen]	
寝る [*neru*]	Bett	ふとん [Bettzeug] ベッド [Bett]	
traurig sein	Tod	涙 [Träne]	
悲しい [*kanashii*]	声 [Stimme]		
Herbst	Nebel	gelb kalt trüb	
秋 [*aki*]	すすき [Stielblütengras]	もみじ [rotes Herbstlaub] 京都 [Kyōto] 紅葉 [Herbstlaub]	
alt	Oma	年とる [älter werden]	
古い [*furui*]	家 [Haus/Familie]	時計 [Uhr] 大学 [Universität] 町 [Dorf]	
Ungerechtigkeit	男女 [Männer & Frauen]	男女 [Männer & Frauen] 社会 [Gesellschaft] 会社 [Firma]	
不正 [*fusei*]			

Literatur- und Quellenverzeichnis

ALTARRIBA, Jeanette

1992 "The Representation of Translation Equivalents in Bilingual Memory", in: Richard Jackson Harris (Hg.) *Cognitive Processing in Bilinguals*. Amsterdam/London/New York/Tokyo: North-Holland; S. 157-174.

ANCIS, Julie R.

2006 "Cultural-Bound Syndromes"; in: Yo Jackson (Hg.) *Encyclopedia of Multicultural Psychology*. Thousand Oaks, London: Sage; S. 130-132.

ARNBERG, Lenore N. / ARNBERG, Peter W.

1992 "Language Awareness and Language Separation in the Young Bilingual Child", in: Richard Jackson Harris (Hg.) *Cognitive Processing in Bilinguals*. Amsterdam/London/New York/Tokyo: North-Holland; S. 475-500.

BECKER, Stefanie

2000 *Evaluation einer neuen Methode zur impliziten Erfassung semantischer Assoziationseffekte im Priming-Paradigma - ein Methodenvergleich am Beispiel des Altersstereotyps*. Heidelberg: Universität Heidelberg. (Dissertation)

BOURDIEU, Pierre

1987 *Die feinen Unterschiede. Kritik der gesellschaftlichen Urteilskraft*; Frankfurt: Suhrkamp.

1989 *Satz und Gegensatz. über die Verantwortung des Intellektuellen*; Berlin: Wagenbach.

1991 *Die Intellektuellen und die Macht*; Hamburg: VSA-Verlag.

1993 *Soziologische Fragen;* Frankfurt: Suhrkamp.

1997 *Der Tote packt den Lebenden. Schriften zu Politik und Kultur 2;* Hamburg: VSA-Verlag.

CHEN Hsuan-Chih

1992 "Lexical Processing in Bilingual or Multilingual Speakers", in: Richard Jackson Harris (Hg.) *Cognitive Processing in Bilinguals.* Amsterdam/London/New York/Tokyo: North-Holland; S. 253-264.

CLAUSBERG, Karl / WEILLER, Cornelius

2004 „Wie Denken aussieht. Zu den bildgebenden Verfahren der Hirnforschung"; in: Christian Geyer (Hg.) *Hirnforschung und Willensfreiheit. Zur Deutung der neuesten Experimente.* Frankfurt/Main: Suhrkamp; S.245-249.

CLAUSS-EHLERS, Caroline S.

2006 "Bilingualism"; in: Yo Jackson (Hg.) *Encyclopedia of Multicultural Psychology.* Thousand Oaks, London, New Delhi: Sage; S. 70-71.

CRUSE, Holk

2004 „Ich bin mein Gehirn. Nichts spricht gegen den materiellen Monismus"; in: Christian Geyer (Hg.) *Hirnforschung und Willensfreiheit. Zur Deutung der neuesten Experimente.* Frankfurt/Main: Suhrkamp; S.223-228.

DAVID, E. J. R.

2006 "Biculturalism"; in: Yo Jackson (Hg.) *Encyclopedia of Multicultural Psychology.* Thousand Oaks, London, New Delhi: Sage; S. 66-68.

DIAZ-BOHNE, Rainer

2003 „Entwicklungen im Feld der foucaultschen Diskursanalyse“, in: *Forum Qualitative Sozialforschung/Forum: Qualitative Social Research* [Online Journal], 4(3), Art. 1. Juni 2003.

http://www.qualitative-research.net/fqs-texte/3-03/3-03diazbone-d.htm [Letzter Zugriff: 19.01.2005].

DJITÉ, Paulin G.

2004 *Livin on borrowed tongues? A view from within.* Essen: LAUD.

DOCTOR, Estelle Ann / KLEIN, Denise

1992 “Phonological Processing in Bilingual Word Recognition”, in: Richard Jackson Harris (Hg.) *Cognitive Processing in Bilinguals*. Amsterdam/London/New York/Tokyo: North-Holland; S. 237-252.

DORN, Matthias

1998 *Priming-Effekte bei unterschiedlich assoziierten Wortpaaren. Untersuchungen zum Status von Assoziationserhebungen und verschiedenen semantischen Relationen im Leseprozeß*. (Dissertation) Freiburg: Albert-Ludwigs-Universität.

ELSEN, Hilke

2003 "Wie kommt das Wort in den Kopf? Die Konstitutionierung von Wortbedeutungen." in: Stefanie Haberzettl / Heide Wegener (Hrsg.) *Spracherwerb und Konzeptualisierung*. Frankfurt/Main, Berlin, Bern, Bruxelles, New York, Oxford, Wien: Peter Lang; S.89-103.

FLORIO-HANSEN, Inez de / HU, Adelheid

2003 "Einführung: Identität und Mehrsprachigkeit in Zeiten der Internationalisierung und Globalisierung" in: dieselben (Hrsg.)

Plurilingualität und Identität. Zur Selbst- und Fremdwahrnehmung mehrsprachiger Menschen. Tübingen: Stauffenburg Verlag; S. VII-IX.

FRANCESCHINI, Rita

2002 „Das Gehirn als Kulturinskription", in: Johannes Müller-Lancé / Claudia Maria Riehl (Hrsg.) *Ein Kopf – viele Sprachen: Koexistenz, Interaktion und Vermittlung* (Reihe *Editiones EuroCOM* Band 9). Aachen: Shaker Verlag; S. 45-62.

1992 "Auditory and Visual Speech Perception in Alphabetic and Non-alphabetic Chinese-Dutch Bilinguals", in: Richard Jackson Harris (Hg.) *Cognitive Processing in Bilinguals*. Amsterdam/London/New York/Tokyo: North-Holland; S. 413-426.

HELFRICH, Hede

2003 „Kapitel 7: Kognition im Kulturvergleich"; in: Alexander Thomas (Hg.) *Kulturvergleichende Psychologie*. Göttingen/Bern/Toronto/ Seattle: Hogrefe; S. 245-279.

HELL, Janet G. van / GROOT, Annette M. B. de

1998 „Conceptual representation in bilingual memory: Effects of concreteness and cognate status in word association"; in: Bilingualis: Language and Cognition I (3). Cambridge: Cambridge University Press; S.193-211.

HEREDIA, Roberto / MCLAUGHLIN, Barry

1992 "Bilingual Memory Revisited", in: Richard Jackson Harris (Hg.) *Cognitive Processing in Bilinguals*. Amsterdam/London/New York/Tokyo: North-Holland; S. 91-103.

HOOSAIN, Rumjahn

1992 "Differential Cerebral Lateralization of Chinese-English Bilingual Function?", in: Richard Jackson Harris (Hg.) *Cognitive Processing in Bilinguals*. Amsterdam/London/New York/Tokyo: North-Holland; S. 561-571.

HU, Adelheid

2003 "Mehrsprachigkeitsforschung, Identitäts- und Kulturtheorie: Tendenzen der Konvergenz" in: Inez de Florio-Hansen / dieselbe (Hrsg.) *Plurilingualität und Identität. Zur Selbst- und Fremdwahrnehmung mehrsprachiger Menschen*. Tübingen: Stauffenburg Verlag; S. 1-24.

JAMES, Rochelle

2006 "Culture-Bound Syndromes: Taijin-Kyofusho"; in: Yo Jackson (Hg.) *Encyclopedia of Multicultural Psychology*. Thousand Oaks, London, New Delhi: Sage; S. 145-146.

JOYCE, Terry

2002 *The Japanese mental Lexicon: The lexical retrieval and representation of two-kanji compound words from a morphological perspective.* [unveröffentlichte Dissertation] Tsukuba: University of Tsukuba.

2004 "Modeling the Japanese mental lexicon: Morphological, orthographic and phonological considerations" in: S. P. Shohov (Ed.). *Advances in Psychological Research,* Volume 31. Hauppauge: Nova Science; S. 27-61.

2006 *Two kanji compound words in the Japanese mental lexicon.*

http://www.valdes.titech.ac.jp/~terry/2kcw.html#cmp-exps; 23.11.2006: Tokyo: Valdes

KHUBCHANDANI, Lachman M.

2003 “Language Harmony and Language Collisions: Dynamics of diversity at the grassroots”, in: Brian D. Joseph / Johanna DeStefano / Neil G. Jacobs / Ilse Lehiste (Hrsg.) *When languages collide. Perspectives on language conflict, language competition and language coexistence.* Columbus: Ohio Univ. Press; S. 296-323.

KRAMSCH, Claire

1998 *Language and Culture*. Oxford, New York et al.: Oxford University Press.

KROLL, Judith F. / SHOLL, Alexandra

1992 “Lexical and Conceptual Memory in Fluent and Nonfluent Bilinguals”, in: Richard Jackson Harris (Hg.) *Cognitive Processing in Bilinguals*. Amsterdam/London/New York/Tokyo: North-Holland; S. 191-204.

KUDO Takayuki

1992 “Word Formation in Aphasia: Evidence from Japanese Kanji Words”; in: *Journal of Neurolinguistics*, Volume 7, 3. Orlando: Elsevier; s.197-216.

LA HEIJ, Wido

2005 "Selection Process in Monolingual and Bilingual Lexical Access" in: Judith F. Kroll, Annette M. B. de Groot (Hrsg.) *Handbook of Bilingualism. Psycholinguistic Approaches*. Oxford: University Press; S.289-307.

LIBET, Benjamin

2004 „Haben wir einen freien Willen?"; in: Christian Geyer (Hg.) *Hirnforschung und Willensfreiheit. Zur Deutung der neuesten Experimente*. Frankfurt/Main: Suhrkamp; S.268-290.

LÜDI, Georges

2003 "Mehrsprachige Repertoires und plurielle Identität von Migranten: Chancen und Probleme" in: Inez de Florio-Hansen / Adelheid Hu (Hrsg.) *Plurilingualität und Identität. Zur Selbst- und Fremdwahrnehmung mehrsprachiger Menschen.* Tübingen: Stauffenburg Verlag; S. 39-58.

MÄGISTE, Edith

1992 "Leaning to the Right: hemispheric Involvement in Bilinguals", in: Richard Jackson Harris (Hg.) *Cognitive Processing in Bilinguals*. Amsterdam/London/New York/Tokyo: North-Holland; S. 549-560.

MERTEN, Thomas

1990 *Wortassoziation und Schizophrenie* [Dissertation]. Berlin: Freie Universität Berlin.

MILLER, Matthew J. / SPEIGHT, Suzette L.

2006 "Models of Second-Culture Acquisition"; in: Yo Jackson (Hg.) *Encyclopedia of Multicultural Psychology*. Thousand Oaks, London, New Delhi: Sage; S. 310-311.

MILLER, Roy Andrew

2000 *Die japanische Sprache. Geschichte und Kultur.* München: Iudicium.

MIYAKE Kyōko

o.J. a „Bailingaru ni okeru keinen no kasseika to bunkateki yoinen“ [Konzeptionsaktivierung und kulturelle Faktoren bei Bilingualen]; in Kosaka Kōichi *k. T.*. Nagoya: Universität Nagoya; S. 67-85.

http://www.lang.nagoya-u.ac.jp/~kosakak/kotoba/miyake16.pdf; 23.11.2006.

o. J. b „Gengo ni yoru shinteki jisho kōzō no chigai“ [Unterschiede in der Struktur des mentalen Lexikons in Bezug zur Sprache]; in Kosaka Kōichi *k. T.*. Nagoya: Universität Nagoya; S. 159-178.

http://www.valdes.titech.ac.jp/~terry/2kcw.html#cmp-exps; 23.11.2006.

2005 „Bailingaru kioku hyōshō kenkyū. Teigijō no arui ha hōhō-ron-teki kadai no kentō“ (A Study of bilingual memory. Some discussions on definitive or methodological issues); in: *Kokusai kaihatsu kenkyū fooramu* (*Forum of International Development Studies*) März 2005. Tōkyō: o. V.; S. 47-59.

http://www.gsid.nagoya-u.ac.jp/bpub/research/public/forum/29/04.pdf; 23.11.2006

MOODLEY, Roy / CURLING, Deone

2006 "Multiculturalism"; in: Yo Jackson (Hg.) *Encyclopedia of Multicultural Psychology*. Thousand Oaks, London, New Delhi: Sage; S. 324-325.

MÜLLER-LANCÉ, Johannes

2002 „Tertiärsprachen aus der Sicht der kognitiven Linguistik: Überlegungen zu Fremdsprachenunterricht und Fremdsprachenfolge“, in: derselbe / Claudia Maria Riehl (Hrsg.) *Ein Kopf – viele Sprachen: Koexistenz, Interaktion und Vermittlung* (Reihe *Editiones EuroCOM* Band 9). Aachen: Shaker Verlag; S. 133-149.

NIJL (NATIONAL INSTITUTE FOR JAPANESE LANGUAGE) (Hg.)

2006 „Kagaku kenkyū hihojōkin no kōfu jōkyō" [Ausgaben wissenschaftlicher Forschung bezogen auf die öffentliche Lage]. Tōkyō: NIJL.

http://www.kokken.go.jp/katsudo/kanko/goihyo/h16_kaken.pdf; 23.11.2006

NISBETT, Richard E.

2003 The geography of thought: how Asians and Westerners think differently and why. NewYork: Free Press.

PALIJ, Michael / AARONSON, Doris

1992 "The Role of the language Background in Cognitive Processing", in: Richard Jackson Harris (Hg.) *Cognitive Processing in Bilinguals*. Amsterdam/London/New York/Tokyo: North-Holland; S. 63-87.

PAVLENKO, Aneta

2005 "Bilingualism and thought" in: Judith F. Kroll, Annette M. B. de Groot (Hrsg.) *Handbook of Bilingualism. Psycholinguistic Approaches*. Oxford: University Press; S.433-453.

RAGSDALE, Kathleen

2006 "Ethnocentrism"; in: Yo Jackson (Hg.) *Encyclopedia of Multicultural Psychology*. Thousand Oaks, London, New Delhi: Sage; S. 204-206.

ROTH, Gerhard

1997 *Das Gehirn und seine Wirklichkeit. Kognitive Neurobiologie und ihre philosophischen Konsequenzen*. Frankfurt/Main: Suhrkamp.

2004 „Wir sind determiniert. Die Hirnforschung befreit von Illusionen"; in: Christian Geyer (Hg.) *Hirnforschung und Willensfreiheit. Zur Deutung der neuesten Experimente*. Frankfurt/Main: Suhrkamp; S.218-222.

SINGER, Wolf

2003 *Ein neues Menschenbild? Gespräche über Hirnforschung*. Frankfurt/Main: Suhrkamp.

2004 „Verschaltungen legen uns fest: Wir sollten aufhören, von Freiheit zu sprechen"; in: Christian Geyer (Hg.) *Hirnforschung und Willensfreiheit. Zur Deutung der neuesten Experimente*. Frankfurt/Main: Suhrkamp; S.30-65.

SCHIMANK, Uwe

2002 *Das zwiespältige Individuum. Zum Person-Gesellschaft-Arrangement der Moderne*; Opladen: Leske + Budrich.

SZALAY, Lorand B. / DEESE, James

1978 *Subjective meaning and culture: an assessment through word associations*. New York: Halsted Press Division

TAKASHI Tsuzuku

2006 *Shinteki jisho to kioku hyōshō no kasseika – yokusei katei* [Aktivierungs- und Unterrdückungsprozesse der des Speicherkonzepts und des mentalen Lexikons]. Anlässlich des Symposiums *Chishiki no jiko-zoshikika* [Selbststrukturierung des Wissens] zum 60. Kongress der Vereinigung japanischer Psychologen. Tōkyo: Rikkyō Universität.

http://www.ir.rikkyo.ac.jp/~tsuzuki/sym96.htm; 23.11.2006

TAYLOR, Insup

1976 *Introduction to Psycholinguistics*. New York, Chicago, San Francisco et. al.: Holt, Rinehart and Winston.

1990 *Psycholinguistics. Learning and Using Language*. New Jersey: Prentice-Hill.

TAYLOR, Jennifer F.

2006 "Ethnocentric Monoculturalis"; in: Yo Jackson (Hg.) *Encyclopedia of Multicultural Psychology*. Thousand Oaks, London, New Delhi: Sage; S. 203-204.

THOMPSON, Vetta L. Sanders

2006 "Ethnic and Racial Identity"; in: Yo Jackson (Hg.) *Encyclopedia of Multicultural Psychology*. Thousand Oaks, London, New Delhi: Sage; S. 172-178.

TROMMSDORF, Gisela

2003 „Kapitel 4: Kulturvergleichende Entwicklungspsychologie"; in: Alexander Thomas (Hg.) *Kulturvergleichende Psychologie*. Göttingen/Bern/Toronto/Seattle: Hogrefe; S. 139-179.

VOTAW, Marianne C.

1992 "A Functional View of Bilingual Lexicosemantic Organization", in: Richard Jackson Harris (Hg.) *Cognitive Processing in Bilinguals*. Amsterdam/London/New York/Tokyo: North-Holland; S. 299-321.

YAMAOKA Kazue

2006 "Japanese American"; in: Yo Jackson (Hg.) *Encyclopedia of Multicultural Psychology*. Thousand Oaks, London, New Delhi: Sage; S. 275-281.